플라멩코

원초적 에너지를 품은 집시의 예술

차례
Contents

들어가며

　플라멩코[1]를 소개하는 것은 정말 기분 좋은 일이다. 스페인어를 공부하면서 스페인의 자랑이라는 플라멩코에 대해 모르는 것은 문제가 있다고 생각했던 시절도 있었고 그래서 어렵게 비디오테이프로, DVD로 자료를 구해 보던 때도 있었다. 물론 현재도 플라멩코에 대한 자료는 그렇게 쉽게 구할 수 있지 않다. 까를로스 사우라(Carlos Saura) 감독의 <플라멩코(El Flamenco)>라는 영화를 보면서 느꼈던 색다르면서도 하나의 색으로 통하던 그 오묘한 느낌, 빠꼬 데 루시아(Paco de Lucia)의 기타연주에 무심결에 졸아 버려 창피했던 기억, 늘어진 테이프에서 나오던 여가수의 목소리에 감동받던 기억, 전공이 스페인어이지만 무슨 말인지 전혀 알아들을 수 없기는 해도 듣기를 멈출 수 없었던, 아직도 귓가에 맴도는 노랫소리. 어렵게 간 유럽여행에서 만난 플라멩코, 플라멩코 축제, 헤레스에서 미국인 부부와 셋이서 지켜봤던 플라멩코의 열정, 세고비아에서 만난 화려한 플라멩코의 진수, 막걸리 같던 쉐리의 맛과 향, 머리털이 쭈뼛 서며 몸으로 느껴지는 춤과 음악, 소름 돋는 순간들, 오히려 지켜본 사람이 맥이 탁 풀리는 그 기억들. 세비아(Sevilla)의 거리에서 피할 수 없었던, 모든 거리에서 흘러나오던 그 음악소리, 너무나 다양했던, 아니 모든 음악이 세비아에선 플라멩코로 통한다는 것을 깨달았던 그 순간들, 그리고 이젠 달인의 경지에 들어간 호아낀 꼬르떼스와 사라 바라스의 공연들. 이 책이 그런 에너지를 전해 주면 좋겠다. 그런 내 기억들이 글을 통해 전해질 수 있으면 좋겠다.

　플라멩코는 굉장히 매력적인 종합예술이다. 공연자들이 뿜어내는 원초적인 에너지 때문에 플라멩코에 대하여 많이 알고 있지 않더라도 쉽게 빠질 수 있는 대중적인 예술이고 스페인의 전통예술이며 집시의 예술이다. 문제는 바로 여기에 있다. 스페인의 예술이면서 집시의 예술이라는 것이다. 이 두 가지는 어떻게 보면 그리 큰 문제가 되지 않을 것도 같고 어찌 보면 같은 말 같기도 하다. 물론 겹치는 부분이 없는 것은 아니지만 상당히 다른 이야기이기도 하다. 결국 이 두 가지를 모두 풀어야 할 것이다. 그것이 아마도 국내에 처음으로 플라멩코에 대해 소개하는 이 책의 의무일 것이다.

집시의 유래와 플라멩코

태초에 알렉산더 대제가 있었다

우리에게 너무나 잘 알려진 알렉산더 대제는 마케도니아 출신으로 유럽 최초로 대제국을 건설한 왕이다. 그의 영토는 계속 유지되고 관리되지는 않았지만 유럽, 이집트, 페르시아 그리고 인도의 일부 지역(인더스강 유역)까지 정복했다고 알려져 있다. 이후 페르시아 지역에 다시 페르시아계 제국이 들어섰고 유럽은 로마제국으로 이어지면서 그 유명한 카이사르와 클레오파트라를 거쳐 헬레니즘의 세계, 도시국가의 좁은 세계를 벗어나 코즈모폴리턴의 세계가 펼쳐졌다. 이 제국은 다시 재건되지는 않았지만 어떤 틀을 제공했던 것 같다. 인도에서 스

알렉산더 대제의 제국

페인까지 이어지는 페르시아만과 인도해 그리고 지중해, 흑해
가 포함되는 세계. 막연하게 전설로, 옛이야기로 들리는 이 세
상의 끝에 대한 이야기. 쉽지는 않지만 닿을 수 있을 것만 같
던 다른 세계. 하지만 비슷한 세계가 동쪽 어디에 그리고 서쪽
어디에 펼쳐져 있다는 확신이 생겼던 것이다.[2]

플라멩코와 집시 이야기를 하는데 웬 알렉산더냐 하는 의
문이 들 것이다.

집시의 근원이나 그 고향에 대한 무수히 많은 가설들이 있
다. 그 가설 중에서 가장 스케일이 큰 것이 바로 인도 북서부
의 한 사회적 계층 혹은 한 부족이 길을 떠나 동유럽의 일부
지역에 정착하고 그 나머지 사람들이 유럽을 거슬러 와서 서
유럽의 끝인 스페인 남부에 정착했다는 것이다. 또한 이집트
의 한 부족이 유럽으로 이주한 것이란 설도 있는데 사실 집시
라는 명칭 자체가 이집트 사람, Egyptian에서 유래한 것이다.

우리나라가 고구려, 고려에서 유래하여 Corea, Core, Korea 등으로 알려진 것과 마찬가지로 이집트 또한 우리나라 구약성경에서는 애급으로 표현되었으나 보통 에힙토, 에집토, 이힙토 등의 명칭으로 알려졌다. 하지만 집시들이 본인들을 이집트 사람이라고 한 것은 성지순례 하는 사람으로 보이기 위해 집시들이 스스로 만들어낸 속임수였다는 설도 있다. 또한 로마 제국의 일부였던 이집트의 문물은 로마 본토의 관점으로 보면 이국적인 것이 많았기 때문에 이국적인 것, 이민족 등의 의미로 집시, 이집트인이라는 단어가 쓰였을 것이란 설도 있다.

어찌되었건 집시의 유래에 대한 이야기는 절대 알렉산더 대제가 만든 세계를 넘어가지 않는다. 그의 제국은 정치적 구조로 남아있던 것이 아니라 문화적 세계로 남았던 것 같다. 알렉산더 대제가 만들어 놓은 세계를 유랑하며 지냈던 어떤 나라의 사회 계층 혹은 인도의 사회 계급 그것도 아니면 도시국가 체제에서 대제국 체제로 변해가는 과정에서 도태된 한 부족이 결과적으로 집시라는 특이한 집단을 형성했으리라 짐작할 수 있다. 사실 인도유럽어족이라 불리는 언어들도 위 지역에서 주로 사용된다. 언어가 같은 종류라는 것은 이 지역이 문화적으로 아주 밀접한 관련을 맺고 있다는 것을 말해 준다.

물론 개인적으로는 흉노족, 선비족, 우문, 해, 거란, 돌궐 등 중국의 만리장성 북부 대초원을 지배하던 수많은 민족과 부족 중에서 경쟁에서 도태된 부족 중 일부가 집시의 구성원이 된 것은 아니었을까 혹은 유럽과 페르시아 지역과 북방 기마족의 관문 역할을 했던 킵차크와 같은 민족이 그 시작이 아니었을까 하는 생각도 한다. 물론 그저 하나의 가설일 뿐이므로 이것을 증명하는 데 많은 연구와 조사가 필요할 것이다.[3]

결론적으로 수많은 가설과 가정들 사이에서 집시에 대해 정확히 정의하거나 단정하는 것은 불가능하다. 다시 말해 여전히 그들에 대해 우리는 모른다고 말할 수밖에 없는 것이다.

최근의 문헌학적인 연구를 통해 알게 된 결과에 따르면 집시들이 유럽에 최초의 등장한 것은 1348년 세르비아, 1350년 그리스 남부 해안 지역, 1414년 독일 지역, 1419년 프랑스, 볼로니아 그리고 로마 지역에는 1422년, 영국에는 1430년 혹은 1440년, 바르셀로나 지역엔 1447년 등장했으며 러시아엔 1500년이었다고 한다.[4] 역사적으로 14세기 중엽부터 15세기 말까지 등장한 집시는 거의 전 유럽에 분포하며 크게 보면 동에서 서로 이동해 왔음을 알 수 있다. 그들에 대해 이야기할 수 있는 것은 여기까지이다. 이후의 모든 것은 이전과 마찬가지로 가정과 가설에 의한 해석일 뿐이다.

아래의 지도는 14세기 유럽을 뒤흔들었던 흑사병의 전염 및 유행 경로를 보여주고 있다. 정확히 들어맞는 것은 아니지만 자료의 오차를 감안하면 유럽에 집시들이 유입된 것과 유럽에서 흑사병이 유행한 것이 거의 일치한다는 것을 알 수 있다. 중국과 아시아 내륙에서 유래한 흑사병은 1347년 킵차크 군대가 크림에서 제노바 교역소를 포위하고, 페스트 환자의 시체들을 노포로 도시를 향해 쏘아 보냄으로써 유럽인들에게

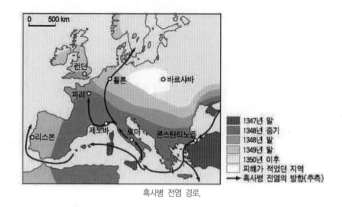

■	1347년 말
■	1348년 중기
■	1348년 말
■	1349년 말
■	1350년 이후
□	피해가 적었던 지역
➡	흑사병 전염의 방향(추측)

흑사병 전염 경로.

전파됐다. 흑사병은 지중해 항구들로부터 퍼져 나가 1347년 시칠리아, 1348년 북아프리카, 이탈리아, 스페인, 영국, 프랑스, 1349년 오스트리아, 헝가리, 스위스, 독일, 베네룩스 3국, 1350년 스칸디나비아와 발트해의 국가들에 영향을 끼쳤다. 흑사병은 1361~1363년, 1369~1371년, 1374~1375년, 1390년, 1400년, 1664~1665년에 다시 유행했으며, 치사율은 지역마다 달랐다. 밀라노 공국, 플랑드르, 베른 같은 지역에서는 비교적 피해가 적었으나 토스카나, 아라곤, 카탈루냐, 랑그도크 같은 지역에서는 그 피해가 심했다. 도시는 전염의 위험성이 더 높았기 때문에 농촌보다 더 큰 피해를 입었고, 도시 내에서는 수도원이 가장 많은 희생자를 냈다.[5]

　일반적으로 흑사병 유행 이후 유럽의 인구가 3분의 1정도로 줄었다고 한다. 이러한 상황에서의 집시의 등장은 두 가지로 해석 가능하다.

첫 번째, 가장 쉽게 생각할 수 있는 것으로, 유럽 인구가 파격적으로 줄어들었고, 이 빈 공간을 집시들이 자연스레 채웠다는 것이다. 흑사병이 유행한 지역은 일반적으로 도시 지역이었으니 생활과 정착에 편리함이 있었을 것이다. 하지만 그렇게 쉽게 단언할 수 없는 것은 그들이 유랑생활을 했다는 것, 정착 지역에 동화되지 않고 자신들만의 사회와 규범과 언어를 지키고 있었다는 것은 그들이 단순히 이주를 목적으로 하고 있지 않음을 보여 주는 것이다.

두 번째로 역사상 집시를 박해했던 이유가 되는 흑사병·페스트에 관련된 가설이다. 쉽게 집시들이 흑사병을 옮겼다는 것이다. 그들은 인간 화학무기였으며 정착해서는 안 되는 존재, 전 유럽을 떠돌며 그들의 몸에서 배양된 병균을 옮겼다는 것인데, 이 가설 또한 집시들을 박해하기 위한 허술한 핑계라고밖에 볼 수 없다. 일단 집시들이 이렇게 무시무시하고 비인간적인 화학전의 주체가 될 수 없다는 것이다. 몽고제국 혹은 원(元)제국은 알려진 것과 같이 귀신과도 같은 기마술과 용병술로 세계를 정복하였다. 당시 기준으로 상대적으로 뒤떨어진 유럽의 군대를 격파하기 위해 이런 전법을 썼다는 것이 상식적으로 이해가 되지 않으며 부족 혹은 한 집단이 생명을 걸고 임무를 완수했다고 했을 때 그것에 따른 반대급부도 애매하다. 집시의 일부는 정착하고 일부는 유랑했으며 어디로 돌아간 것이 아니라 현재도 일부가 계속 떠돌고 있어 유럽의 골칫거리 중 하나이다. 그러므로 그렇게 단순하게 생각하기는 어렵다.

사실 하멜른의 '피리 부는 사나이'6) 전설을 떠올려 보면 오히려 집시들이 전염병의 숙주로 병을 옮긴 것이 아니라 병을 치료하는 데 한몫했다고 생각할 수도 있다. 피리 부는 사나이란 결국 음악을 하는 악사였다는 것인데 알려진 바와 같이 집시들은 서커스를 하거나 음악을 연주하는 등의 방법으로 생계를 이어 갔다.7) 그러므로 피리 부는 사나이가 집시였을 가능성도 충분히 있는 것이다. 게다가 일부 집시들은 간단한 점(占)을 비롯하여 민간요법이 기본이 된 의료행위도 했다는 것과 피리 부는 사나이가 쥐를 쫓는 사람이었다는 것을 생각해 보면, 일반적으로 쥐가 옮기는 것으로 알려진 흑사병의 치료 및 예방에 이 피리 부는 남자가 관련되었을 가능성은 상당히 높다. 물론 전설은 전설이고 설화는 설화일 뿐이니 이것을 역사적 사실로 간주하기엔 무리가 있다. 다만 이런 이야기들이 결과적으로 집시라는 집단에 대한 어떤 환상을 심어주는 것은 사실이다. 그 환상 속에서 집시의 진실이 그 모습을 희미하게 드러내는지도 모를 일이다.

집시에 대한 막연함은 문화적인 측면을 고려하면 더더욱 그렇다. 일단 그들은 로마니(El Romani, Romay)라는 언어를 사용하며 자신들을 롬(rom)이라고 부른다. 이름만으로 보면 쉽게 로마제국을 떠올리기 쉽고 집시의 분포가 높은 루마니아(Romania 혹은 Rumania)도 연상된다. 하지만 명칭으로 특별한 연관관계를 찾는 것도 쉽지 않아 보인다. 로마니라고 부르는 그들의 언어가 있지만 이것이 전체 집시에 속하는 것은 아니다. 작은 집단이든 큰 집단이든 마치 방언과 비슷한 저마다의 독특한 로마니가 있다. 크게는 발칸 반도를 중심으로 한 중부 유럽 지역의 집시와 프랑스 남부와 스페인에 거주하는 집시 그리고 프랑스 북부와 독일 및 북유럽에 거주하는 집시로 구분하는데 이들이 사용하는 로마니가 다 차이가 있다. 비단 어휘만이 아니라 악센트, 억양 등이 모두 다르다. 비슷한 계열의 언어를 사용하는 유럽의 상황으로 보면 전혀 다른 언어라고 해도 문제가 없을 정도이다. 언어만이 아니라 그들의 문화, 먹는 음식, 입는 옷, 작게는 마차의 장식과 안장에서부터 장신구 그리고 종교관, 신앙 체계 등도 상이하다. 이런 문화적 다양성 혹은 문화적 공백, 공통성의 부재는 거주 지역의 문화를 흡수하는 데 아주 용이하게 작용하였다. 물론 그러므로 통일된 집시의 특징은 찾기 어려워졌다.

결국 최종적인 거주지의 문화를 받아들이며 현재의 각 집시문화의 모습이 되었을 것이다. 음악적인 면만 고려한다면 집시의 음악은 헝가리와 루마니아 그리고 스페인에서 독창적으로 발전하였다.

많이 알려져 있지는 않지만 국제집시회의가 뮌헨, 모스크바, 부쿠레슈티, 소피아와 폴란드의 루브네에서 각각 열리기는 했다.8) 하지만 모든 집시들에게 받아들여지는 권위조직은 아니었으며 역사적으로 그들 자체의 정치조직이, 그것이 의회의 형태이든 왕정의 형태이든, 기록에 남아있지는 않다. 그러나 집시 왕에 관한 전설은 집시들이 낭만적으로 꾸며 낸 이야기일지 몰라도 비슷한 전설이 집시 거주 지역에 전승됐다는 것을 미루어 생각해 보면 집시들 간에 정치적인 권위를 가진 인물이 존재했음을 시사한다. 또한 각종 기록을 살펴보면 집시들 사이에 강력한 규범이 존재했음을 알 수 있다. 이것으로 집시들이 체계적인 사회를 구성하고 있었으며 그들의 관습과 그것이 불문법의 형태라고 해도 법률로서 나름대로 강력하게 운영되고 있었음을 짐작할 수 있다.

현재까지 살펴본 집시의 막연함과 애매함 속에서 확실하게 말할 수 있는 것은 그들이 역사에 등장한 시점과 그들이 유랑한다는 것 이외엔 별로 없다. 21세기에 이르러 집시들은 자신들의 전통과 변화하는 세상과 어떤 관계를 유지할 것인지 갈등하는 것으로 보인다. 하지만 국가의 개념보다 국가연합 체제로 이행하는 현재의 현실을 고려해 보면 어쩌면 우리 모두가 지구라는 초원을 유랑하는 유목민인지도 모를 일이다.

스페인의 집시들

1447년에 이베리아 반도로 유입된 집시들은 현재 스페인, 특히 안달루시아 지역 그리고 포르투갈, 북아프리카, 프랑스 남부에 거주하고 있다.

스페인의 집시가 어떻게 스페인 땅에 들어왔는지에 대해선 두 가지 가설이 있다. 한 가지는 바르셀로나를 통해 들어왔다는 것이다. 다시 말해 동유럽을 통해 이주해 온 집시들이 바르셀로나를 통해 들어와 남쪽으로 이동했다는 것이다. 사실 스페인은 유럽의 서남쪽 끝이다. 이 가설은 전체적인 집시들의 이동 경로와 일치한다. 하지만 스페인 특유의 집시문화를 설명하기엔 좀 모자란 감이 있다. 게다가 스페인 남부 안달루시아 지방에서 집시문화, 다시 말해 플라멩코가 꽃을 피운 이유를 설명하는 데 한계가 있다.

여기에 비해 남부 유입설이 북부 바르셀로나 유입설보다 스페인 특유의 집시문화를 설명하기에 더 적합한 것은 사실이다. 아프리카 북부 모로코 지역을 경유해 들어온 집시들은 유럽을 통해 이동한 집시들과는 달리 페르시아, 유대 지역을 지나 이집트, 카르타고, 모로코 등의 아랍문화권을 지나왔다. 그래서 이미 아랍문화와 유대문화가 어느 정도 자리를 잡고 있던 스페인 남부에 스페인 특유의 집시문화가 꽃을 피울 수 있었다는 것이다. 이집트의 알렉산드리아는 헬레니즘 문명의 중심지라고 해도 과언이 아니며 상업을 주로 하는 무슬림들은 중세의 유럽인들에 비해 문화적으로 개방적이었다고 한다.

물론 이 두 가지 가설 또한 과학적으로 입증할 방법은 아직은 없다. 그리고 위에서 말한 것처럼 기독교의 수호신 같던 당시 스페인이 이교도 혹은 이민족으로 여겨지던 집시들과 집시문화를 그렇게 환영하지 않았던 것이 사실이다. 실제로 수차례 집시들의 전통언어와 전통의식을 금지하는 훈령들이 발표된 적이 있었다. 물론 이러한 금지는 스페인의 집시들이 자신들의 문화를 지키고 발전시켜야 하는 강력한 이유가 되었을 것이다. 역설적으로 현재 스페인의 최고 문화상품인 플라멩코의 중심 도시라 할 수 있는 세비야에서 '진짜 플라멩코가 없다, '플라멩코 축제는 박제된 축제다' 등의 이야기가 나오는 것을 보면 일리가 있는 말이다.[9]

스페인 사회에 등장한 집시들은 사회 하층민의 자리를 차지하면서 중심이 아니라 주변부에서 자신의 영역을 만들어 갔다. 플라멩코에 심취한 이들이나 집시문화에 대하여 약간의 환상을 가진 이들에겐 상상 외의 충격일 수도 있으나 당시 스페인 사회에서 집시란 도둑놈과 같은 뜻이었다. 집시들은 '도둑이고 도둑이 되기 위해 태어나는 족속이며 모든 도둑의 아

스페인의 지도.

버지이며 도둑으로 죽는다'라는 말이 있다. 말 그대로 집시란 도둑이고 믿을 수 없는 족속이란 것을 강하게 표현한 말이다. 물론 집시가 도둑질만을 한 것은 아니다. 카드 및 점성술을 이용한 점쟁이 역할과 대장장이 또는 뚜쟁이 역할과 댄서로도 그 명성이 대단했다. 남성들은 사회적으로 직업이라 인정할 만한 일에 종사한 것으로 보이고 이와는 달리 여성들의 경우 자신들의 나이와 미모에 어울리는 역할을 찾았던 것으로 보인다. 집시와 집시사회에 대한 언급은 문학작품에서도 그 예를 찾아볼 수가 있는데,『돈끼호떼(Don Quijote)』로 잘 알려진 세르반테스의 『모범소설(novelas ejemplares)』 중에서 「개들의 대화(Coloquio de Perros)」와 「집시 여인(La Gitanilla)」10)에 잘 나타나 있다. 특히 「집시 여인」에서는 집시들의 생활규범과 그 모습이 구체적으로 드러나 있어 작가가 집시들의 세계를 어느 정도 파악하고 있었음을 알 수 있다. 집시가 되기 위해선 남의 물건을 훔쳐야 하고 마치 우리나라 건달패를 연상케 하는 의리와 집단을 위해 개인을 희생해야 하는 등의 법칙들이 있었다. 물론 이것이 얼마나 사실적으로 그려졌는지 알 수 없다. 하지만 적어도 당시 스페인 사람들이 집시들을 어떻게 생각하고 있었는지는 미루어 짐작할 수 있다.

플라멩코

입문

플라멩코라는 말을 들으면 일반적으로 독특하고 전통적인 이미지를 연상한다. 또 다채로운 원색과 화려한 문양의 의상을 입은 댄서가 춤을 추는 모습 그리고 격렬한 타악기와 기타 소리 등이 떠오를 수도 있다. 하지만 실제 스페인에서 직접 플라멩코 공연을 즐긴 사람이라면 좀 더 구체적인 이미지, 유려하면서도 폭풍 같은 기타 연주, 우리나라의 창(唱)과 흡사한, 가슴에서 먼저 반응하는 플라멩코 노래 그리고 모든 공간을 채우며 울려 퍼지는, 리듬이지만 중심적인 역할을 하는 타악기 소리 등을 떠올릴 것이다. 플라멩코는 듣고 보고 느끼는, 말 그대로 종합예술이다. 플라멩코가 그저 전통무용, 전통춤으로 기억될 수도 있지만, 플라멩코 춤은 노래와 기타 연주를 떠나서는 존재하기 어렵다. 하지만 이와 다르게 플라멩코 기타 연주와 노래는 플라멩코 춤을 떠나서도 존재할 수 있다. 쉬운 예로 플라멩코 음악이 음반으로 제작될 수 있다는 것, 유명한 기타 연주자들의 연주 앨범들도 쉽게 찾아볼 수 있다는 것이 이를 말해 준다. 물론 이 세 가지가 함께 어우러질 때 그 상승효과가 최고라는 것 또한 부정할 수 없는 사실이다.

플라멩코에서는 춤과 노래 그리고 기타 연주가 각각 상황에 따라 무대의 주인공이 된다. 그래서 플라멩코 구성요소를 크게 세 가지로 구분하면 플라멩코 노래인 '깐떼 플라멩코(cante flamenco)', 플라멩코 춤인 '바일레 플라멩코(baile flamenco)' 그리고 기타 연주 플라멩코인 '또께 플라멩코(toque flamenco)'로 나뉜다. 기타는 보통 스페인어로 기타인 기따라(guitarra)라고 부르지만 그 연주 혹은 연주곡은 또께(toque)라고 부르는 경우가 많다.

플라멩코는 안달루시아라는 토양에 집시의 씨앗을 받아 그 지역의 바람과 비와 햇빛을 받으며 탄생한 열매이다. 이 열매는 안달루시아와 집시의 구분이 불가능할 정도로 하나로 섞여 다채로우면서도 그 자체로 고유하다. 그 열매 안에는 무지개보다 다양한 색깔이 빛나고 있다. 이제 그 빛깔들을 만나볼 차례이다.

무엇보다 플라멩코라고 부를 수 있는 춤과 음악 그리고 그 문화는 과연 언제 시작됐을까? 현재 플라멩코라 부르는 것은

19세기에 태어났다. 물론 여기엔 이견이 있을 수 있으나 현재 보고 듣고 느낄 수 있는 플라멩코의 전형적인 형태가 성립한 시기를 19세기 이전으로 보긴 어렵다. 다시 말해 우리가 유구한 역사, 집시의 전통 등으로 포장할 수 있는 플라멩코는 사실 굉장히 근대적인 것이다.[11] 물론 그렇기 때문에 현재에도 전 세계적으로 많은 이들에게 사랑을 받고 있는 것이다.

플라멩코를 키워 내고 주요한 형식들을 만들어 낸 이들은 말할 것도 없이 집시들이다. 하지만 여기서 분명히 해야 할 것은 그들이 '안달루시아에 정착한 집시'라는 것이다. 플라멩코와 집시라는 단어는 이제 따로 떼어서 생각할 수 없는 단어이다. 하지만 '스페인에 정착한 안달루시아의 집시'라는 표현으로 한정을 해야 그 의미가 더욱 분명해진다. 기록상으로 보면 17~18세기 정도에 안달루시아 지역의 여러 도시 변두리에 집시들이 정착하기 시작했다. 무엇보다 기후가 좋고 따뜻하고 건조하며 바다가 가까운 환경적인 영향으로 안달루시아 지역은 집시들에게 편한 거주지가 되었을 것이다.

물론 다른 유럽 국가들의 경우와 마찬가지로 집시들은 공식적으로 차별을 받았으며 일반적으로 그 지역 토착민들에게 무시당했다. 하지만 안달루시아 지역의 사정은 좀 달랐던 것 같다. 보통 농경이 주로 이루어지던 안달루시아 지역에서 집시들은 다른 직업을 가진 이들이었다. 집시들이 대장장이를 하든 서커스를 하든 춤을 추고 노래를 하든 그들의 경제활동은 안달루시아 토착민들과 경쟁관계에 있지 않았다. 오히려 특이한 직업이어서 환영받았을 가능성이 높다. 또 남부 스페인 사람들의 기질이 집시의 기질과 공통되는 면이 많다고도 할 수 있다. 보통 낙천적이며 열정적이며 유머가 풍부하며 감수성이 예민하고 강요와 억압을 싫어한다고 평가받는 남부 스페인 사람들의 기질은 집시의 기질과 묘한 하모니를 만들었을 수도 있다. 게다가 신대륙 식민지의 산물들이 거쳐 가는 제1차 관문이었던 안달루시아 지역은 당시 스페인의 다른 지역에 비해 상대적으로 풍요로웠다. 신대륙으로 떠나는 사람, 돌아오는 사람, 유럽의 다른 지역으로 가기 위해 거쳐 가는 사람, 신대륙의 노예와 새로운 문물 등, 수많은 사람과 문물이 오가는 이 지역이 집시들에게 유랑을 하지 않지만 마치 유랑을 하는 것 같은 느낌을 주었을 수도 있다. 사실 스페인의 집시문화를 키운 것도 신대륙에서 불어온 풍요의 바람이었다. 실제로 식민지로 떠난 집시들도 많았으며[12] 식민지에서 건너온 이국적인 문화가 집시문화에 거부감 없이 섞이기도 했다. 이것은 플라멩코에서도 찾아볼 수 있고 다른 집시문화, 토착화한 집시문화에서도 볼 수 있는 것이다.

집시들의 특성상 악보를 기록하거나 정규과정으로 음악이나 춤을 배우는 것이 아니라 구전과 놀이를 통하여 익히기 때문에 독특한 '느낌', 고유의 '맛'을 자연스럽게 체득한다. 그것은 마치 약간만 넣어도 음식의 풍미와 맛을 다르게 만드는 이국적인 향료와 비슷하다 할 수 있다. 집시들은 자신들만의 고유한 문화적 향료를 자신들이 거주하는 혹은 거주하게 될 그 지역의 문화에 첨가하여 전혀 새로운 맛을 만들어낸 것이다.

그렇다면 플라멩코만의 '느낌', '맛'은 어떤 것일까? 플라멩코의 매력은 무엇보다 '순간'과 '공간'에 있다. 플라멩코의 초기 즉, 19세기 초부터 현재까지 플라멩코는 '순간'과 '공간'이라는 미학적 원리 속에서 발전해 왔다. 다시 말해 사람의 몸에서 낼 수 있는 모든 소리들과 노래를 비롯하여 환호와 약간의 괴성과도 같은 사람의 성대를 통해 낼 수 있는 거의 모든 소리, 모든 타악기 소리와 춤을 추는 사람, 악기를 연주하는 사람, 그것을 바라보는 관중이 구분되지 않은 그런 하나의 공감대의 '시간'과 작은 몸짓, 몰입된 '공간'에서 작은 소리, 청중들의 반응과 그 호흡까지, 그 모든 것이 하나로 녹아 만들어지는 유기적 관계가 플라멩코가 공연되는 이상적 모습이며 동시에 감상하는 이상적 모습이다. 다시 말해 그 공간의 모든 이들이 적극적 주체로서 공연자로 참여하여 그 순간의 조화, 그 순간의 감동, 세세하면서 미묘하게 변해 가는 감성을 함께 느끼며, 그 모든 것이 같은 시간과 공간에서 하나의 플라멩코로 타오르는 것이다. 마치 우리나라의 마당놀이와 유사한 성격이 있긴 하지만, 마당놀이가 전통적인 서사극 형태에서 발전한 것과는 달리 플라멩코는 플라멩코 뮤지컬이 성립되기 전까지는 음악과 춤의 형태로 발전해 왔다. 플라멩코에 빠져 드는 사람들은 거의 모두가 하나의 공연자라는 교감, 즉 공간적 일체감의 감동과 매 순간 터져 나오는 플라멩코의 감동, 댄서의 작은 손동작이나 발 구름, 유려한 연주에서 순간 클라이맥스로 올라가는 기타의 선율 심지어 연주자들의 미묘한 표정변화 등 순간의 미적 감흥에 반응한 것이라 말할 수 있다. 불행한 것은 글로서는 이 '공간과 순간'의 감흥을 전할 길이 없다는 것과 플라멩코의 적극적 관람 혹은 주체적 참여에 익숙하지 않은 관중들은 이 '공간과 순간'이라는 플라멩코의 정수를 즐길 수 없다는 것이다. 물론 이것은 연습이나 훈련을 통해 만들어질 수도 있는 것이지만 아마도 타고난 감성이나 기질이 없으면 불가능해 보인다. 우리나라에서 통상적으로 말하는 '역마살'이 낀 사람, 무언가에 묶여있기 싫어하며 자유로움을 좋아하면서 많은 이들과 어울려 있는 것을 즐거워하는 사람, 순간의 행복을 즐길 수 있는 사람이 플라멩코적인 혹은 플라멩코에 어울리는 사람이라 할 수 있을 것이다.

플라멩코는 19세기 중반까지만 해도 집시들의 거주 지역에서 행해지던 집시들의 전유물이었다. 하지만 19세기 중반을 지나면서 플라멩코는 안달루시아의 일반 대중들에게 공개되고 유행했다. 일반적으로 1842년에 안달루시아의 최대 도시 세비아에 플라멩코 춤과 노래를 공연하는 술집, 최초의 '플라멩코 따블라오(tablao)'[13]가 생겼다고 한다. 이 따블라오를 중심으로 플라멩코는 점점 발전한다.

플라멩코는 원래 플랑드르 혹은 플랜더스 지방을 뜻하는 스페인어 명사, 형용사였다. 스페인어 사전에 'el flamenco'의 첫 번째 의미로 '플랑드르 지역을 의미'한다고 나와 있다. 이 단어가 언제, 어떤 이유로 현재 우리가 알고 있는 플라멩코의 의미로 사용되었는지는 정확히 알 수 없다. 19세기 중반 무렵부터 '집시의', '집시풍의'라는 의미도 사용되기 시작했으며[14] 이것은 세비야 지역을 시작으로 까디스(Cádiz) 그리고 헤레스 데 라 프론떼라(Jerez De La Frontera) 등의 지역에 따블라오가 생기기 시작하면서 점점 더 일반 대중들에게 알려졌다. 플라멩코는 현재 스페인 전역에서 어렵지 않게 만날 수 있지만 이 세 지역을 중심으로 발달했고 지금도 플라멩코 아티스트의 거의 대부분이 이 세 지역 출신이다.

매체의 발달과 더불어 플라멩코 음악이 녹음되고 LP, CD로 발매되어 라디오에서도 어렵지 않게 플라멩코 음악을 접할 수 있었으며 알록달록한 무늬와 화려한 색깔과 디자인의 플라멩코 의상도 유행했다. 이런 상황들이 플라멩코 가수, 기타 연주자, 댄서들을 스페인의 스타 혹은 국제적인 스타로 떠오를 수 있게 해 주었다. 이것은 오늘날에도 계속되고 있다.

스페인 남부지역 지도.

장르적 구분[15)]

앞에서 플라멩코의 구성요소를 크게 춤과 노래 그리고 음악, 이렇게 세 가지로 분류했다. 플라멩코라고 하면 이 세 가지의 매력을 언급하지 않을 수 없지만 공연장에서는 그 세 가지가 유기적으로 결합하여 플라멩코라는 큰 틀을 만드는 것이다. 그러므로 플라멩코의 세 가지 요소라고 할 수 있는 춤과 노래 그리고 음악 혹은 기타 연주로 구분하여 설명하면 마치 살아있는 유기체를 해부하는 것과 마찬가지이다. 단순한 생물학적, 화학적 지식을 가질 수 있겠지만 그 생명력은 잃게 될 것이다. 그래서 플라멩코의 세부 장르를 소개하여 플라멩코에 대한 폭넓으며 구체적인 설명을 해 보겠다.

우선 플라멩코에서 장르는 빨로스(palos)[16)]라는 단어로 표현한다. 플라멩코에서 첫 번째로 꼽는 장르 두 가지는 바로 솔레아(soleá) 그리고 세기리야(seguiriya)이다. 솔레아와 세기리야는 무엇보다 깐떼 혼도(el cante jondo: 깊고 심오한 노래라는 의미)라 표현되는 플라멩코 깐떼, 플라멩코 노래의 정수라고 할 수 있다. 보통 사랑의 아픔, 인생의 고통, 그리움, 슬픔 등 삶의 어두운 부분이 가사와 멜로디를 통하여 표현된다. 우리가 쉽게 떠올릴 수 있는 우리나라 소리꾼들의 소리 혹은 창(唱)과 비슷한 플라멩코 노래 스타일이 바로 깐떼 혼도인 것이다. 그중에서 솔레아는 춤과 노래 혹은 음유시나 기타 솔로 연주 등으로도 각광받는 장르로 현재 가장 활발하게 창작되며 공연되는 장르이다. 세기리야는 라만차 지역의 세기디야(seguidilla)와 음성학적으로 어원은 같으나 그 음악적 형식 및 특징과는 별 관련이 없다. 세기리야는 솔레아와 비교해도 더 어둡고 강하고 쓸쓸한 분위기의 장르로 모든 플라멩코 가수들과 연주자들이 도전하고 싶어 하는 장르이다. 왜냐하면 웬만한 실력과 경험이 없으면 불가능하기 때문이다. 솔레아에선 춤과 음악이 절묘하게 결합되어 있으나 음악과 노래의 비중이 좀 더 크다. 노래, 연주 그리고 춤이 어느 수준 이상으로 펼쳐지는 것이 솔레아라 하겠다.

세기리야에선 압도적으로 노래의 비중이 크다. 일반적으로 세기리야에선 춤을 추지 않는다. 하지만 삶의 극단적인 감정들을 표정 하나, 손놀림 하나로 표현해 내는 정상급 댄서들에게는 가장 매력적인 장르가 바로 세기리야이기도 하다. 가끔 나이가 들어 얼굴에 주름이 가득하고 안달루시아 시골 동네에서 흔히 볼 수 있는, 무용수로서는 망가진 것 같은 몸매를 가진 백발의 무용수의 손동작 하나, 표정 하나에서 플라멩코의 정수를 느꼈다거나, 말로 표현하지 못할 감동을 맛보았다는 사람들이 있는데 이런 경우들은 대부분 세기리야를 본 것일 가능성이 높다.

각각의 특징으로 플라멩코의 정수를 솔레아로 꼽는 사람도 있고 세기리야로 꼽는 사람도 있다. 이 두 장르 모두 안달루시아 지역을 중심으로 보면 약간 남쪽, 세비야, 까디스 그리고 헤레스 등의 지역을 중심으로 발전했으며 솔레아는 세기리야보다 약간 광범위하게 안달루시아 남부 지역에서 발전한 경향이 있다. 물론 현재는 스페인 전역에서 솔레아와 세기리야를 즐길 수 있다.

그리고 판당고스(fandangos)와 땅고스(tangos)를 꼽을 수 있다. 판당고라는 말은 포르투갈의 파두와 어원이 같다. 일반적으로 5개의 테마가 이어지면서 마지막에 그중 하나의 테마가 반복되어 전체 6개의 테마가 이어지는 구조로 된 무용이자 음악이 판당고스이다. 스페인 남부 지역에서 비롯됐다고 알려져 있으며 아랍음악의 요소와 앞에서 언급한 아라곤 지역과 발렌시아 지역의 호따(jota) 등 스페인의 전통음악과 결합하여 판당고가 형성됐다. 전통적인 스페인음악과 문화, 플라멩코 이전의 스페인 전통의 정취를 느낄 수 있는 것이 바로 판당고스다. 또한 아랍의 영향도 느낄 수 있다. 뒤에 소개할 깐데스 데레반떼와 마찬가지로 판당고스 또한 안달루시아를 중심으로 봤을 때 약간 동쪽 지역, 말라가, 그라나다, 따란또, 까르따헤나 지역을 중심으로 발달한 경향이 있다.

땅고스(tangos)는 그 명칭이 아르헨티나의 땅고(탱고)와 같다. 하지만 음악적으로나 춤의 측면으로 보면 그렇게 큰 상관관계가 보이진 않는다. 땅고라는 '만지다'라는 의미의 라틴어 tangere, 스페인어로는 tangir에서 연원했다는 설도 있고 북이나 기타 타악기에서 나는 소리 탕탕(tan-tan)에서 유래했다는 설도 있다.17) 또한 '연주를 하다', '소리를 나게 하다'라는 의미의 동사 따녜르(tañer)에서 유래했다는 설도 있다. 모든 가설이 무언가를 두드리는 타악기적인 느낌을 주지만 사실 일반적으로 땅고스는 다른 장르에 비교해서 타악기가 중심이거나 리듬이 강하게 드러나는 편은 아니다. 오히려 노래와 기타가 중심이 된 감성적인 멜로디가 땅고스의 일반적인 특징이다. 땅고스는 플라멩코의 기본적인 구성을 아는데 도움이 되는 장르이다. 플라멩코의 기본이 되는 장르들이 스페인 남부에서 형성되고 발전된 것과 마찬가지로 땅고스도 스페인 남부, 세비야, 뜨리아나18), 그라나다 등의 지역에서 형성되고 발달하였다.

마지막으로 데이다 이 부엘따(de ida y vuelta) 그리고 깐떼스 데레반떼(cantes de levante)이다. 데이다 이 부엘따는 그 스페인어 의미와 마찬가지로 주거니 받거니 하는 오고가는 노랫가락을 말한다. 이 장르는 무엇보다 쿠바의 영향이 느껴지는 장르로 메인보컬과 코러스가 서로 주고받으며 돌아가면서 노래하는 스타일은 확실히 쿠바의 과히라(guajira) 혹은 손 몬뚜노(son montuno)와 닮아 있다. 이 장르가 존재한다는 것은 플라멩코의 개방성이 얼마나 컸는지를 보여주는 것이며 신대륙과 스페인 간의 문화적 교류가 일방적인 것이 아니었다는 것을 보여 주는 증거이기도 하다. 형식상으로는 분명히 쿠바의 영향이 느껴지는 것은 사실이지만 멜로디와 기본 리듬은 완전히 플라멩코화 했다고 할 수 있다. 이 장르가 점점 발전하여 더 세부적인 장르들을 형성하였고 특히 룸바 플라멩까(la rumba flamenca), 플라멩코 스타일의 룸바는 플라멩코와 카리브해 지역의 음악, 손 몬뚜노와 살사, 더 나아가 라틴 재즈와도 교통할 수 있는 라틴문화권에 아주 대중적인 음악장르로 성장하고 있다. 물론 좀 더 심오한 플라멩코의 정수를 원하는 사람들에게는 그저 무늬만 비슷한 플라멩코의 아류로 보이기도 하는 것이 바로 데이다 이 부엘따이다.

여기에 비해 깐떼스 데레반떼는 약간 다르다. 이름에서도 느껴지듯이 노래와 음악이 중심이 된 장르이다. 레반떼란 단어는 스페인어로 '해가 뜨는 방향, 동쪽, 동쪽의'라는 뜻이 있다. 다시 말해 깐떼스 데레반떼는 동쪽의 노래라는 의미가 된다. 여기서 동쪽이란 안달루시아 기준으로 동쪽을 의미하며 무르시아와 발렌시아 등의 지역을 의미한다. 이 지역들의 노래를 깐떼스 데레반떼라고 부르기도 하고 좀 더 의미를 한정하여 이 지역 광산의 광부들의 노동요를 말하기도 한다. 음악적으로 판당고스와 연관이 있어 학자에 따라 판당고스의 하위 장르로 분류하기도 하고 따로 떼어서 분류하기도 한다. 무르시아, 그라나다, 말라가 등의 지역 전통음악과 플라멩코가 결합하여 형성된 장르로 특히 까르따헤나가 그 중심도시이기도 하다.

앞에서 본 것과 마찬가지로 플라멩코는 크게 여섯 가지의 장르로 구분된다. 하지만 이 여섯 개의 장르들은 그저 큰 틀이 될 뿐이며 세부적으로 더 많은 장르들이 존재한다. 물론 플라멩코가 그저 스페인의 전통음악이자 전통춤 혹은 집시들의 음악이나 춤이며 한 가지 스타일만 존재한다고 생각했던 이들에게는 여섯 개의 장르 구분만이라도 놀랄 만한 일일 것이다.

장르의 세부 구분

　위에서 한 여섯 가지의 대략적인 장르 구분에서 멈추지 않고 세부적인 구분을 소개하는 것은 보통 음반에 표시되는 장르가 앞서 설명한 여섯 가지만이 아니기 때문이다. 이제부터 소개하는 장르들은 음반에 표시되는 것들로, 아주 기본적인 것들이라 할 수 있다. 여기서 다시 한 번 강조하고 싶은 것은 플라멩코 같이 한 장르적 특성들을 만족시키는 것이 아니라 연주자와 공연자들의 특성, 청중과의 호흡 등에 의해 다양한 변화가 가능한 음악과 춤을 정형화하는 것은 그 음악과 춤의 본질적인 특성을 죽이는 것이 될 수 있다. 그러므로 플라멩코의 장르적 구분은 별 의미가 없을 수도 있다. 하지만 해물탕에 들어가는 각각의 재료를 알아낼 수 있는 미각의 소유자만이 원재료들의 맛과 풍미가 하나의 요리 안에서 어떻게 변화되고 조화를 이루는지 알 수 있는 것처럼 플라멩코의 각 빨로, 각 장르들이 어떤 느낌이며 음악적으로 그리고 춤으로 어떻게 표현되는지 아는 사람만이 무대에서 펼쳐지는 플라멩코의 진정한 깊이를 알 수 있을 것이다. 하지만 모든 장르를 전부 소개하기는 어려우므로 각 대표적 장르와 일반 따블라오 공연에서 어렵지 않게 만날 수 있는 장르 중심으로 소개하겠다.

　솔레아

　솔레아(soleá)에는 까냐(caña) 혹은 뽈로(polo), 할레오(jaleos), 솔

레아(soleá), 깐띠냐(cantiñas) 혹은 알레그리아(alegrías) 그리고 불레리아(bulerías) 등이 속한다. 솔레아는 앞에서 말한 것과 같이 현재 가장 각광받는 장르이다. 솔레아야말로 모든 플라멩코 장르의 어머니라고 할 정도로 모든 플라멩코 장르에 영향을 미치고 있고 솔레아의 음악적·무용적 특징이 플라멩코 특징을 대표한다고 해도 과언이 아니다. 음악적 구조를 보면 12비트로 구성된 6/8, 3/4박자의 리듬을 사용하며 무엇보다 인생의 희로애락을 모두 표현하는 음악 스타일과 멜로디 그리고 가사가 이 솔레아를 더욱 빛나게 한다. 특히 인생의 희로애락을 모두 표현하는 것 때문에 무엇보다 플라멩코 깐떼의 기본이면서 동시에 정점으로 꼽히기도 한다. 그리고 다양한 노랫말, 문학적 표현, 집시적인 비유들, 의성어 등 솔레아의 가사는 문학적 연구의 테마가 되기도 한다. 솔레아는 일반적으로 19세기 중반 무렵부터 등장하기 시작했다고 알려졌는데 길거리 골목에서 여러 사람들이 악기를 연주하며 서로 돌아가면서 노래하고 춤추는 할레오 스타일에서 시작됐다고 한다. 솔레아라는 명칭은 초기 가사에 많이 등장한 고독(la soledad)에서 유래했을 것이란 설이 유력하다. 19세기에 활동한 뜨리아나 출신의 여가수 안돈다(La Andonda), 20세기에 활동한 우뜨레라(Utrera) 출신의 여가수 세르네따(La Serneta)와 그녀를 계승한 뻬르난다(Fernanda)와 베르나르다(Bernarda) 그리고 이후로 헤레스 출신의 프리호네스(Frijones), 레브리하(Lebrija) 출신의 후아니끼(Juaniqui), 알깔라데 과다이라(Alcalá de Guadaira) 출신의 호아낀(Joaquín) 등이 자신들의 특색 있는 개성을 드러내며 솔레아를 발전시켰다. 이들의 특색은 이후 이들의 제자들에게 이어져 솔레아를 풍성하게 발전시키는 밑거름이 된다.

물론 솔레아에서는 춤도 중요하다. 일반적으로 라꾸엔까(La Cuenca)와 라메호라나(La Mejorana)가 솔레아 스타일 댄스의 선구자로 알려져 있다. 춤으로 솔레아는 그 구성은 다양할 수 있으나 기본적인 테크닉은 크게 변화하지 않은 것으로 알려져 있는데, 우리가 보통 따블라오에서 쉽게 볼 수 있는 댄서가 발구르기를 통해 소리를 내는 '싸빠떼아도(zapateado)'의 강약으로 공연의 긴장감을 높이거나 낮추거나 한다. 싸빠떼아도는 미국의 탭댄스, 아일랜드와 영국의 전통 나막신춤과 그 형식이 비슷하지만 솔레아의 진지함과 무용과 음악 연주와 유기적으로 결합된 측면을 고려하면 플라멩코의 싸빠떼아도가 제일 수준이 높다고 하겠다. 춤으로의 솔레아는 엘 귀또(El Guito), 마누엘라 까라쓰꼬(Manuela Carrasco), 그리고 에바 이에르바부에나(Eva Yerbabuena) 등의 댄서들이 기본적 스타일을 정립하고 발전시켰다. 솔레아는 호아낀 꼬르떼스(Joaquín Cortés), 사라 바라스(Sara Baras)와 같은 젊은 댄서들이 자주 무대에서 선보이는 장르이기도 하다.

깐띠냐 / 알레그리아

깐띠냐(cantiñas) 혹은 알레그리아(alegrías)는 플라멩코 장르 중에서 가장 흥겨운 장르이다. 알레그리아는 까디스를 중심으로 발전했으며 기본적인 구조는 솔레아와 일치한다. 더 정확히는 솔레아와 아라곤 지역의 호따(jota)가 결합하여 성립된 것이 바로 알레그리아이다. 재미있는 것은 이 장르가 1808년 스페인에 나폴레옹이 침입했을 때 남부 스페인의 민중들이 이에 저항하며 독립운동을 하면서 성립했다는 것이다. 프랑스의 침입에 대한 저항으로 흥겨운 알레그리아가 성립했다는 것은 스페인적 기질의 단면을 보여주는 것이라 하겠다.

알레그리아는 다른 말로 까디스의 호따(jota gaditanas)라고 불리기도 한다. 춤을 추기 위해 만들어진 것이 알레그리아이며 일반적으로 여성들의 춤으로 알려져 있지만 현재는 남녀 모두 춤을 춘다. 하지만 그 리듬은 생각보다 복잡하다. 일반적으로 따블라오에선 가수와 댄서들이 늘어서고 노래와 춤이 흥겹게 서로 겹치며 펼쳐지는데 군무로 추기도 하고 혼자서 추기도 한다. 전통적으로 여성들이 중심이 되는 춤이기에 플라멩코 댄서들의 장신구, 비단 숄, 부채 등을 볼 수 있다. 상체에 딱 붙는 원피스 드레스에 꼴라(cola)라고 하는 치맛자락이 마치 꼬리처럼 주름지고 길게 끌리는데 이것을 이용한 여러 아름다운 동작들도 있다. 우아하고 여성적인 움직임과 자세 그리고 유려하면서 힘이 넘치는 스텝 등이 알레그리아의 특징이다. 외국인들, 특히 여성들이 플라멩코에 대해 갖고 있는 이미지에 가장 가까운 장르이기도 하다. 보통 따블라오 공연의 시작, 혹은 경우에 따라 공연의 클라이맥스에 이 알레그리아를 만날 수 있다. 알레그리아를 발전시킨 뮤지션으로는 엔리께 부트론

(Enrique Butrón), 로사리오(Rosario), 이그나시오 에스뻬레따(Ignacio Espeleta) 등이 있다. 특히 이그나시오 에스뻬레따는 공연을 시작하는 소리처럼 알려진 '띠리(tiri)-띠(ti)-뜨란(tran)-뜨란(tran)'이라는 여흥구를 만들어 낸 사람으로 유명하다. 이외에도 아우렐리오 세예스(Aurelio Sellés), 차께똔(Chaquetón), 차노 로바또(Chano Lobato) 등의 뮤지션들이 이 알레그리아를 발전시키고 장르적으로 그 위상을 확립하는 데 많은 영향을 끼쳤다. 알레그리아는 각 지역별 특징을 반영하면서 발전하는데 그중에서 많이 알려진 것이 바로 꼬르도바의 알레그리아(Alegrías de Córdoba)이다. 꼬르도바의 알레그리아는 리듬보다는 유려한 멜로디가 특징인데 경쾌한 템포와 함께 이어지는 아름다운 멜로디는 까디스의 알레그리아와는 또 다른 맛을 준다. 물론 앞에서 말한 것과 같이 알레그리아에서는 의상 및 장신구 등도 중요한데 이것에 가장 큰 영향을 준 댄서는 바로 빠스또라 임뻬리오(Pastora Imperio, Pastora Rojas Monje)이다. 이후 유명해진 모든 댄서들, 특히 여성 댄서들은 사실 빠스또라 임뻬리오의 영향 아래에 있다고 봐도 될 것이다. 마띨데 꼬랄(Matilde Coral), 밀라그로스 멘히바르(Milagros, Menjíbar), 뻬빠 몬떼스(Pepa Montes) 등의 댄서들과 벨렌 마야(Belén Maya), 라파엘 깜빠요(Rafael Campallo)와 같이 현재에 활동하는 댄서들도 빠스또라 임뻬리오의 영향 아래에 있다.

불레리아

불레리아(bulerías)는 솔레아에서 파생된 장르이다. 그래서 솔레아와 거의 같은 리듬구조를 갖고 있으나 일반적으로 템포가 더 빠르다. 일반적으로 19세기 말 혹은 20세기 초에 플라멩코의 한 장르로 성립했다고 한다. 엘 글로리아(El Gloria), 엘 로꼬 마떼오(El Loco Mateo) 등이 초기 불레리아를 성립시킨 선구자들로 꼽힌다. 불레리아는 흥겹고 리듬이 넘쳐 나는 장르이다. 또한 플라멩코의 음악적 이미지, 전 세계적으로 가장 많이 알려진 음악적 이미지를 나타내는 장르이기도 하다. 알레그리아와 더불어 따블라오에서 분위기를 절정으로 이끄는 장르가 바로 불레리아이다. 플라멩코를 좋아하는 사람이라면 누구나 불레리아의 박수를 흉내 내곤 하지만 여간해선 따라 하기 힘들다. 불레리아는 복잡하고 다양한 리듬의 변주로 인하여 멜로디가 구슬프고 처량해도 아주 흥겨운 느낌을 준다. 헤레스 데 라 쁘론떼라(Jerez de la Frontera)가 불레리아의 고향으로 알려져 있으나 사실 까디스, 세비야, 우뜨레라 그리고 레브리하 같은 지역 또한 불레리아가 성립하고 발전하는 데 영향을 미쳤다. 불레리아는 무대에 있는 모든 이들이 함께 참여할 수 있고 청중도 함께 할 수 있다. 춤으로 불레리아는 딱히 어떤 스타일이 있다고 말하기 어렵다. 흥겨운 템포에 다양하고 복잡한 리듬이 어우러지는 불레리아에서는 거의 모든 동작이 허용된다고 할 수 있다. 그렇기 때문에 유명한 댄서들은 자신만의 독창적인 불레리아 스타일을 갖고 있는 경우가 많다.

할레오

할레오(jaleos)는 불레리아의 하위 장르로 구분하기도 하고 독립된 장르로 구분하기도 한다. 할레오를 소개하는 이유는 할레오가 따블라오에서 공연을 시작하기 위해서 혹은 마치기 위해 자주 펼쳐지기 때문이다. 하나의 테마가 반복되고 변주되어 모든 연주자들과 댄서들이 서로 주거니 받거니 하면서 자신들의 개인기를 선보이는데 서로가 서로의 코러스가 되어 주기도 하고 춤을 추며 약간의 장난을 치기도 하는 자유로운 장르이다. 마치 뒤풀이처럼 공연되는 장르이다. 보통 엑쓰뜨레마두라(Extremadura) 지역을 중심으로 발전했다고 알려져 있다. 현재는 스페인 전역의 따블라오에서 어렵지 않게 만날 수 있다.

세기리야

세기리야(seguiriya)에는 마르띠네떼(martinete), 데블라(debla), 세기리야(seguiriya), 까발(cabal) 등이 속한다. 세기리야는 앞에서도 언급한 것과 같이 플라멩코에서 가장 예술성이 높은 장르이다. 세비야와 까디스에서 발전한 세기리야는 보통 3박자 계열의 3/4박자 혹은 6/8박자로 보통 한 가지 박자로 계속 이어지기보다는 테마와 분위기에 따라 변주가 되는 경우가 많다. 세기리야는 깐떼 혼도의 정수이다. 그 가사 또한 복잡하지 않다. 하지만 악보로 표현할 수 있는 정보들보다 더 많은 것을 표현할 수 있어야 비로소 세기리야를 시작할 수 있는 출발점에 섰다고 할 수 있다. 세기리야의 공연자로 마누엘 몰리나(Manuel

Molina), 빠꼬 라 루스(Paco la Luz), 엘 로꼬 마떼오(El Loco Mateo), 엘 필리오(El Fillo), 꾸로 두르세(Curro Durce), 엘 마루로(El Marrurro), 엔리께 엘 메지쏘(Enrique el Mellizo), 실베리오 프란꼰네띠(Silverio Franconetti) 그리고 안또니오 차꼰(Antonio Chacón) 등이 유명하다. 앞에서도 언급한 것과 같이 세기리야는 노래와 음악이 중심이 되는 장르이다. 그래서 역설적으로 춤이 중요해진다. 원래 플라멩코 춤이 자유로움을 기본으로 하지만 세기리야는 플라멩코 중에서 가장 자유롭다고 할 수 있다. 댄서는 세밀하면서도 진한 감정들을 자신만의 방법으로 펼쳐내고 담아내야 한다. 그래서 전문 댄서들만이 세기리야를 추곤 한다. 누구보다 빈센떼 에스꾸데로(Vincente Escudero)가 세기리야를 춤으로 표현하여 유명해졌다. 마누엘라 까라스꼬(Manuela Carrasco), 마리아 델 마르 모레노(María del Mar Moreno) 등은 전통적인 틀 안에서 세기리야를 춤으로 표현한 댄서이며 안또니오 까날레스(Antonio Canales) 같은 댄서들은 춤을 추기에 적합하게 템포를 약간 빠르게 하거나 리듬의 변형을 통해 춤으로 표현되는 세기리야를 만들어 갔다.

세기리야와 비슷하지만 좀 더 가벼운 주제를 다루며 보통 단조인 세기리야에 비해 장조로 변형되어 표현된 것이 까발(cabal)이다. 그리고 독특한 리듬구조에 따라 마르띠네떼(martinete), 데블라(debla), 그리고 스페인 전통 로만세(el romance)에서 영향을 받은 또나스(tonas) 등으로 구분된다. 하지만 일반적으로 따블라오에서는 세기리야를 보기 힘들다. 어찌 보면 플라멩코 장르 중에서 가장 비(非)대중적이라 할 수 있고 특히 외국인들에게도 그리고 스페인 사람들에게도 세기리야는 지루하고 난해하기 때문이다. 하지만 극장이나 콘서트홀에서 공연을 하는 정상급 플라멩코 가수, 연주자 그리고 댄서들에게 세기리야는 어렵지 않게 만날 수 있다.

마르띠네떼

마르띠네떼(martinete)는 대장장이 노래로 알려져 있다. 이 명칭 또한 쇠를 담금질하는 해머, 망치에서 유래했다고 한다. 플라멩코 깐떼의 황금 삼각형이라 하는 까디스-세비야-헤레스의 거의 모든 대장간에서 마르띠네떼가 흘러나왔다고 한다. 마르띠네떼의 리듬 또한 모루에 달군 쇠를 올리고 해머와 망치로 때리는 리듬에서 유래했다고 할 정도니 말이다. 마르띠네떼로 유명한 실베리오 프란꼰네띠 또한 어린 시절 대장간과 철물점에서 일하면서 플라멩코를 배우고 익혔다고 한다. 마르띠네떼는 강렬한 표현과 정적과 고요함이 동시에 존재하는 장르이다. 세기리야와 같은 3/4박자와 6/8박자의 혼합형태의 리듬이며 음악적인 형태는 아구헤따스(Agujetas)같은 뮤지션들에 의해 정립되었으며 그의 앨범 <En la soleá> <24 quilates> <Agujetas cantaor> 등에서 초기 마르띠네떼를 들을 수 있다. 그리고 초꼴라떼(Chocolate), 싼띠아고 돈다이(Santiago Donday) 그리고 후안 딸레가(Juan Talega) 등의 가수들이 마르띠네떼를 녹음하여 음반으로 발매하기도 하였다.

판당고스

　판당고스(fandangos)에는 판당고스, 베르디알레스(verdiales), 아반도라오스(abandolaos), 론데냐(rondeña), 말라게냐(malagueña), 판당고스 나뚜랄레스(fandangos naturales), 그라나이나(granaina), 따란또(taranto), 따란따(taranta) 등이 있다. 판당고스는 보통 플라멩코가 스페인에서 발생하기 전의 전통음악이 플라멩코와 접목되어 발전한 장르로 꼽는다. 물론 집시 전통의 영향이나 아랍의 영향이나 다른 음악적 전통의 요소가 없는 것은 아니나 플라멩코 장르 중에서 가장 스페인적인 장르가 바로 판당고스이다. 12비트의 3/4박자 리듬의 판당고스는 다른 플라멩코 장르와 마찬가지로 몇몇 가수들과 연주자들의 노력으로 중요한 플라멩코 장르가 됐다. 판당고스의 다양함은 안달루시아를 비롯하여 스페인 남부 전 지역에서 확인할 수 있다. 말라가 지역에서 발달한 베르디알레스와 론데냐, 니뇨 글로리아(Niño Gloria), 마누엘 또레(Manuel Torre) 등이 유명한 뮤지션인 우엘바 지역의 판당고스 데 우엘바(Fandangos De Huelva), 호세 꾸에르뽀(José Cepero)와 마놀로 까라꼴(Manolo Caracol) 등이 유명한 뮤지션인 그라나다 지역의 그라나이나와 말라가 지역의 말라게냐, 까르따헤나 지역의 따란또와 따란따 등 각 지역별로 개성이 강한 땅고스가 존재한다. 또한 학자들에 따라 무르시아 지역의 광부노래 또한 판당고스로 분류하기도 한다. 마누엘 바예호(Manuel Vallejo), 뻬뻬 마르체나(Pepe Marchena), 뻬뻬 삔또(Pepe Pinto), 페르난다 데 우뜨레라(Fernanda de Utrera) 그리고 엘 초꼴

라떼(El Chocolate) 같은 가수들의 앨범에서 수준 있는 판당고스를 접할 수 있다. 판당고스는 지역색이 강한 플라멩코 장르로 외국인들을 위한 따블라오에서는 쉽게 만나기 어려운 장르이다. 하지만 플라멩코 축제나 플라멩코를 테마로 한 이벤트 등에선 빠지지 않고 등장한다.

판당고스는 형식적으로 서로 구분되는 것은 아니고 발달한 지역에 따라 구분된다고 할 수 있다. 노래에서 발전한 경우가 많아 춤의 측면은 다른 플라멩코 장르에 비해 조금 약한 편이라 할 수 있다. 그래서 보통 춤으로 춰질 경우 전문적인 댄서들의 약속된 춤, 안무된 춤으로 공연되는 경우가 많다. 안달루시아의 동쪽에서 발달한 판당고스의 경우에서 아랍문화의 흔적을 만날 수 있다. 흔적이라고 표현한 이유는 이미 판당고스는 여러 문화적 요소들이 스페인 남부에서 만나고 자라난 그저 아랍문화의 영향만이 아닌 전혀 다른 것이기 때문이다. 물론 이것은 플라멩코의 다른 장르들에게도 똑같이 적용되는 것이지만 말이다.

베르디알레스

베르디알레스(verdiales)는 안달루시아 동쪽 지역에서 발전한 플라멩코 장르 중에서 가장 오래된 장르로 알려져 있고 그 형식 또한 말라가 지역 전통민요에서 영향을 받았다고 한다. 베르디알레스는 말라가 지역 중에서도 올리브 경작 지역에서 발달한 것으로 알려져 있다. 그 명칭 또한 다 익은 후에도 녹색을 유지하는 말라가 지역의 올리브에서 유래했다고 한다. 올리브 농사를 하면서 불렀던 노동요와 추수 이후의 축제에서 베르디알레스가 발전했다고 한다. 다른 판당고스와 마찬가지로 기본적으로 3박자 계열의 음악적 특성이 있으며 다른 민속음악의 경우와 비슷하게 빤다스(Pandas)라는 연주팀이 음악을 연주한다. 완성된 팀이라기보다 보컬과 기타에 박수소리를 비롯하여 탬버린 혹은 다른 현악기도 참가할 수 있는 아주 개방적인, 말 그대로 플라멩코적인 연주팀이 바로 빤다스이다. 노래로서의 베르디알레스는 일반적으로 남성 가수의 독창으로 공연되는 경우가 많은데 그것은 후안 브레바(Juan Breva)라는 유명한 가수의 영향 때문이다. 또한 엘 꼬호데 말라가(El Cojo de Málaga), 마누엘 바예호(Manuel Vallejo), 포스포리또(Fosforito), 까마론(Camarón) 그리고 최근에는 과디아나(Guadiana)라는 가수의 앨범에서 수준 있는 베르디알레스를 들을 수 있다. 베르디알레스는 춤으로는 잘 추지 않는 경향이 있으나 남성 솔로로 혹은 두 명, 세 명이 그룹을 만들어 추는 경우도 있다. 원래 플라멩코는 남녀 커플로 거의 춤을 추지 않으나 베르디알레스의 경우 특이하게 여자 두 명과 남자 한 명이 그룹을 이루어 춤을 추는 경우가 있다. 일반적으로 여성 솔로로 베르디알레스를 공연하는 경우는 흔치 않았으나 라파엘라 까라스꼬(Rafaela Carrasco)는 남성 못지않은 베르디알레스 솔로 공연, 말라가 스타일 춤의 정수를 보여준 적이 있다.

말라게냐

말라게냐(malagueña)는 이름에서 느껴지듯이 말라가 지역에서 발달한 판당고스 스타일을 말한다. 안달루시아 동쪽에서 발달한 장르 중에서 가장 돋보이는 장르이기도 한 말라게냐는 특이하게도 특정한 리듬구조가 부재하는 장르이다. 특정한 리듬 구조가 부재하므로 가수는 자유로운 변주를 통해 자신의 감정을 표현할 수 있다. 가사의 내용, 가수와 연주자와 청중의 느낌들이 합쳐져서 그 순간에 리듬구조를 만들어 낸다고 할 수 있는, 굉장히 플라멩코적인 특징을 가진 장르이다. 어느 수준 이상의 플라멩코 가수들에겐 굉장히 매력적인 장르인 말라게냐는 19세기 말 20세기 초에 대중에게 알려졌다. 말라가 출신인 후안 브레바(Juan Breva) 그리고 엘 까나리오(El Canario)에 의해 대중적으로 알려졌는데 말라가 출신 뮤지션들만 말라게냐를 노래하고 연주한 것은 아니다. 안또니오 차꼰(Antonio Chacón) 그리고 엔리께 엘메지소(Enrique el Mellizo) 등의 가수들도 말라게냐를 대중화하는 데 많은 영향을 끼쳤다. 말라가 출신 뮤지션들이 전통을 고수하는 쪽이었다면 말라가 지역 출신이 아닌 뮤지션들은 다른 음악장르와의 결합과 형식적인 변화를 주어 말라게냐를 대중화하는 쪽의 노력을 해 왔다. 예를 들어 안또니오 차꼰 같은 뮤지션은 말라게냐의 리듬을 어느 정도 정형화하여 형식적 변화를 통한 대중화를 꾀했고 엔리께 엘메지소 또한 성가적 발성 스타일에 헤레스와 까디스의 깐떼 스타일을 더하여 새로운 말라게냐를 선보였다. 현재 활동하는 플라멩코 가수 중에서는 디에고 클라벨(Diego Clavel) 그리고 호세 메르세(José Mercé) 그리고 안또니오 차꼰의 제자 엔리께 모렌떼(Enrique Morente) 등이 말라게냐로 유명하다. 이들의 음악도 약간 리듬구조를 정해 놓은 스타일과 정통 말라게냐 스타일이 공존하고 있다. 말라게냐에 춤을 추는 것은 거의 보기 드문 일이지만 베르디알레스를 춤으로 표현한 여성 댄서 라파엘라 까라스꼬의 경우엔 이 말라게냐에 멋지게 공연하기도 한다.

그라나이나

그라나이나(granaína)는 안달루시아 동쪽 그라나다 주변 지역에서 발달한 플라멩코 장르로서 말라게냐와 비슷하게 정해진 리듬구조가 없으며 멜로디적인 특징, 특유의 음계 사용 및 특유의 기타 코드와 코드 진행을 사용하는 것이 그라나이나의 특징이다. 그라나이나는 19세기 말 그라나다 지역에서 불리던 플라멩코 깐떼가 안또니오 차꼰과 라몬 몬또야 등의 가수들에 의해 재해석되고 노래에 어울리는 기타 반주가 등장하면서 장르적으로 성립됐다. 그러나 그라나이다가 성립되는 데 결정적인 역할을 한 것은 프라스끼또 이에르바부에나 (Frasquito Yerbabuena)이다. 물론 형식적인 면에서 말라게냐와 그라나이나를 확실히 구분하기는 어렵다. 일반적으로 그라나이나가 말라게냐에서 영향을 받은 것으로 알려져 있다. 사실 외국인의 관점으로 보면 판당고스에 해당하는 장르를 구분하는 것은 여간 쉬운 일이 아니다. 그라나이나를 널리 알린 뮤지션으로는 마누엘 바예호, 후안 모하마(Juan Mojama), 마누엘 센떼노(Manuel Centeno) 그리고 뻬뻬 마르체나(Pepe Marchena) 등이 있다. 춤으로는 댄서 이자 안무가인 에바 이에르바부에나(Eva Yerbabuena)가 그녀의 공연에서 훌륭한 그라나이나를 선보인다.

땅고스

땅고스(tangos)에는 띠엔또스(tientos), 땅고스 그리고 땅기요스(tanguillos) 등이 있다. 땅고스는 2/4박자와 4/4박자로 구성된 플라멩코 장르이다. 일부에서는 플라멩코의 땅고스가 쿠바의 영향을 받았다고 주장하기도 하는데 그래서 플라멩코 특히 땅고의 경우 아프리카-쿠바-까디스라는 문화적 삼각형을 통해 만들어졌다고 하는 설이 있다. 물론 이것은 땅고의 원류가 스페인에서는 까디스, 스페인 남부의 항구라는 것을 말하기도 한다. 집시의 문화가 결국 떠나고 돌아오는 곳에서 다시 꽃을 피웠다는 것은 집시들의 문화가 어떤 속성을 갖고 있는지 생각하게 한다. 까디스, 세비야, 그라나다, 엑스뜨레마두라 등을 중심으로 땅고스는 발전했다. 땅고스는 그 개방적인 성격 탓에 고전적이고 전통적인 플라멩코가 아닌 새로운 플라멩코(nuevo flamenco)의 대표적인 장르로 꼽히기도 한다. 땅고스는 무엇보다 노래하는 가수가 춤을 춘다는 점이 특징이다. 보통 가수와 댄서는 구분되기 마련이지만 땅고스의 경우는 가수가 춤을 춤으로 해서 다른 장르에 비해 춤이 화려하지는 않으나 노래와 춤이 절묘하게 하나가 되는데 어쩌면 아주 초기 플라멩코의 모습이라고도 할 수 있을 것이다. 가끔 따블라오에서 춤을 추던 댄서들이 흥겨운 리듬에 박수를 치며 노래를 하면서 춤을 추는 경우가 있는데 이것이 바로 땅고스이다. 한 명이 노래를 하며 춤을 추면 기타 연주자와 타악기 연주자를 제외하고는 모두 박수로, 발로 박자를 맞추며 추는 것이 일반적이다. 그래서 불레리아와 더불어 축제음악으로 각광받는다. 여러 여흥구와 그날의 분위기에 따라 달라질 수 있는 개방성이 땅고스의 형식 안에 내재되어 있다고도 할 수 있다. 게다가 가사의 내용도 일상의 보편적인 정서들이므로 깊은 슬픔 등을 노래하는 세기리야나 솔레아보다 대중적이며 라틴어 계열의 언어에서 느낄 수 있는 각운과 두운의 절묘한 리듬 또한 느낄 수 있다. 무대에서 펼쳐지는 공연에서는 역설적으로 가수가 땅고스를 공연하는 것보다 전문 댄서가 땅고스를 공연하는 것이 더 다이내믹하다. 노래에 깊은 감성이 표현되거나 어려운 테크닉이 사용되지 않기에 플라멩코 깐떼를 어느 정도 구사할 수 있는 댄서들에게는 노래와 함께 춤을 표현할 수 있는 아주 매력적인 장르이다. 그래서 가끔 프로 댄서들이 땅고스를 공연하여 자신의 색다른 모습을 선보이기도 한다. 엔리께 엘메지소를 땅고스의 선구자로 꼽으며 레메디오스 아마야(Remedios Amaya), 에스뻬란사 페르난데스(Esperanza Fernández), 아우로라 바르가스(Aurora Vargas) 그리고 라 마까니따(La Macanita) 등의 가수들의 앨범과 공연에서 땅고스를 만날 수 있다. 땅고스는 노래만으로, 기타 연주와 같이 악기 연주만으로 즐길 수도 있다.

땅기요스

땅기요스(tanguillos)는 까디스의 카니발음악, 축제음악에서 발전한 플라멩코 장르이다. 세비야나스(sevillanas)나 뻬떼네라스(peteneras)와 같이 전통적인 안달루시아 민속음악의 영향을 받아 땅기요스가 성립했다고도 한다. 땅기요스의 박자는 특이하게 6/8박자와 2/4박자가 혼용되는데 6/8박자는 3/4박자로 변형되기도 하고 2/4박자는 4/4박자로 연주되기도 한다. 땅기요스와 띠엔또쓰(tientos)의 차이점은 템포인데 땅기요스의 경우는 좀 더 빠른 템포에서 연주되는 것이 일반적이다. 가사는 축제음악답게 흥겹게 즐기는 내용과 서정적인 내용 그리고 풍자적이고 반어적인 내용이다. 땅기요스의 거장은 차노 로바또(Chano Lobato)인데 전통 땅기요스의 정수를 유지하면서 플라멩코가 대중적 장르로 발전하는 데 결정적인 역할을 하였다. 현재는 축제음악이라는 특성 때문에 땅기요스는 불레리아스, 땅고스, 룸바 그리고 알레그리아스와 같은 흥겨운 플라멩코 음악과 그 형식과 스타일이 많이 닮아가는 경향이 있다. 뽀띠또(Potito)와 두껜데(Duquende)와 같은 가수들의 앨범에서 현대적인 땅기요스를 들을 수 있다. 당연히 축제음악이므로 땅기요스엔 춤을 출 수 있다. 사라 바라스(Sara Baras)나 이사벨 바욘(Isabel Bayón)의 공연에서 멋지게 안무된 땅기요스를 볼 수 있다. 알레그리아스의 경우와 마찬가지로 여성 댄서들은 여러 장신구로 멋지게 자신을 표현하며 아주 흥겨우며 우아한 군무로 펼쳐지는 것이 일반적이다. 땅기요스는 기타 연주자들에게도 사랑받는 장르인데 플라멩코 기타의 대표주자라 할 수 있는 빠꼬 데 루시아(Paco de Lucía)의 '까실라(Casilda)', 까니싸레스(Cañizares)의 '아로마 데 리베르땃(Aroma de libertad)' 그리고 후안 디에고(Juan Diego)의 '바뽀르 데 까이(Vapor de Cai)' 같은 곡들이 대표적이다. 특이한 경우지만 땅기요스 같은 경우에는 힙합과 같은 스타일로 공연되기도 한다. 특히 젊은 댄서들이 많은 따블라오에서는 땅기요스를 어렵지 않게 볼 수 있다. 흥겹게 분위기를 고조시키는 역할을 하곤 한다. 또한 안달루시아 지역에서 만날 수 있는 플라멩코 축제에서는 어렵지 않게 땅기요스 공연을 볼 수 있다.

데이다 이 부엘따

데이다 이 부엘따(de ida y vuelta)에는 꼴롬비아나(colombiana), 과히라(guajira), 밀롱가(milonga), 비달리따(vidalita) 그리고 룸바(rumba) 등이 있다. 앞에서 언급한 것과 같이 신대륙, 쿠바의 영향을 받은 장르로 그 흥겨움 때문에 많은 이들에게 대중적인 사랑을 받는 것이 사실이다. 아이러니하게도 현재 따블라오에서 가장 쉽게 만날 수 있는 장르이기도 하다. 꼴롬비아나와 과히라 그리고 룸바는 쿠바음악의 장르로도 존재하며 형식적으로, 특히 리듬의 측면에서 유사한 점이 적지 않다. 쿠바음악과 플라멩코의 새로운 만남, 새로운 조화는 2004년 영화 <투 머치(Two much)>의 감독이며 라틴재즈 전문가인 뻬르난도 뚜루에바(Fernando Trueba)에 의해 시도된 적이 있다. <흑과 백(Blanco y Negro)>이라는 제목으로 쿠바음악의 거장인 피아니스트 베보 발데스(Bebo Valdés)와 플라멩코 가수인 디에고 엘 씨 갈라(Diego el Cigala)의 만남을 통해 재조명된 쿠바음악과 플라멩코의 만남은 이 두 세계가 아직도 무한한 가능성을 담은 세계라는 것을 보여주었다. 플라멩코를 좋아하는 분들이나 쿠바음악에 관심이 있는 이들 모두에게 추천할 만한 명반이며 우리나라에도 발매되어 어렵지 않게 구할 수 있다.[19]

꼴롬비아나

꼴롬비아나(colombiana)는 뻬뻬 마르체나(Pepe Marchena)에 의해 성립된 장르로 알려져 있다. 하지만 형식적으로 완료된 장르라기보다는 계속 변해 가는 장르라고 할 수 있는데 남미의 민속음악이 룸바 플라멩까와 혼합되어 형성된 장르가 바로 꼴롬비아나이기 때문이다. 좀 더 정확히 말하면 남미의 북반부 지역 민속음악과 쿠바음악 그리고 룸바 등에 플라멩코가 합쳐져 현재 플라멩코 장르인 꼴롬비아나가 됐다. 처음 대중에게 선보여진 1931년 이후로 까르멘 아마야(Carmen Amaya)와 같은 가수들에 의해 꼴롬비아나는 완전히 플라멩코 장르 중 하나로 자리 잡는다. 상대적으로 젊은 장르인 꼴롬비아나는 플라멩코가 아주 오래된 박물관의 전시품이 아니라 아직도 살아서 움직인다는 것을 보여 주는 중요한 증거이다.

과히라

과히라(guajira)는 플라멩코와 쿠바음악이 만나 성립된 장르이다 이부엘따에서 가장 대중적인 사랑을 받는 장르이다. 과히라는 쿠바 등 카리브해의 도서 지역의 사탕수수 농장에서 일꾼들이 부르던 노동요에서 영향을 받은 것으로 알려져 있다. 앞에서 언급한 것처럼 신대륙으로 이주한 대부분의 사람들이 세비야를 비롯한 안달루시아 지역 출신이었으며 이들은 식민 초기에 농장의 일꾼으로 일했다고 한다. 과히라는 리듬과 멜로디에서 다분히 쿠바적인 요소가 있다고 한다. 하지만 현재 공연되는 과히라에서 그것을 찾는 것은 쉬운 일이 아니다. 이미 플라멩코화 한 과히라는 쿠바의 과히라와는 다르며 형식적인 몇 가지 특성을 제외하면 공통점을 찾는 것은 어렵다. 일반적인 리듬 구조는 솔레아와 흡사한 편이지만 리듬의 악센트, 당김음과 엇박자의 사용, 뻬떼네라의 경우와 같이 6/8박자와 3/4박자가 혼용되는 것이 과히라의 특징이다. 과히라는 20세기가 되어서야 대중적으로 공연되기 시작했다. 실베리오 프랑꼬네띠, 후안 브레바 그리고 엘모추엘로(El Mochuelo) 같은 가수들이 과히라를 먼저 불렀으나 과히라의 선구자는 형식적으로 과히라를 성립한 것으로 알려진 것은 마누엘 에스까세나(Manuel Escacena)이다. 보통 따블라오에서 여성 댄서들이 멋지게 차려입고 나와서 추는 군무는 공연을 시작하거나 분위기를 고조시키기 위해 공연 중간에 들어가는 경향이 있는데 이것이 과히라일 가능성이 높다. 까를로스 사우라 감독의 <엘 플라

멩코>라는 영화에서 과히라는 좀 더 예술적으로 표현되었고
댄서이자 안무가인 이스라엘 갈반(Israel Galván)은 자신의 공연
<갈라바니까스(Galvánicas)>에서 기타리스트 헤라르도 누녜스
(Gerardo Núñez)의 음악에 맞추어 좀 더 실험적인 과히라를 선보
인 적이 있다. 뻬뻬 마르체나는 과히라의 대표적인 가수이다.

룸바

사전에도 룸바(rumba)는 쿠바의 춤과 노래라고 나와 있을 정
도로 그 명칭은 마치 쿠바음악과 쿠바춤의 전유물처럼 보이기
도 한다. 20세기에 어떤 과정을 통해 이 쿠바의 문화적 산물
이 플라멩코의 세계에 편입되었는지는 잘 알려져 있지 않다.
룸바가 플라멩코 스타일로 대중들에게 알려진 것은 1940년경
이며 플라멩코 장르 중에서 가장 젊은 장르이다. 아이러니하
게도 따블라오에서 가장 쉽게 만날 수 있는 장르 또한 룸바이
다. 대중적인 공연장에서 다른 장르에 비해 단순하고 확실하
며 흥겹고 춤추기에 좋은 룸바는 외국인들에게도 그리 어렵게
느껴지지 않는다는 장점이 있기 때문이다. 안또니오 곤살레스
(Antinio Gonzáles)가 룸바의 선구자로 알려져 있다. 까를로스 사
우라 감독의 <엘 플라멩코>에서도 영화를 마무리하는 장르
로 룸바를 선택하여 여러 사람들이 흥겹게 노래하며 춤추는
장면을 아름답고 멋지게 표현하였다. 사실 스페인 출신의 라
틴팝의 황제 알레한드로 산스(Alejandro Sanz)의 대표곡이라 할
수 있는 '꼬라손 빠르띠오(Corazón partio)'와 빠꼬 데 루시아의 조

카인 말루(Malú)의 '떼 아모 뽀르에소(Te amo poreso)' 같은 곡들이 룸바에 속하며 케타마(Ketama), 집시 킹즈(Gipsy Kings)의 흥겨운 곡들은 대부분 룸바인 경우가 많다. 플라멩코의 룸바는 쿠바의 룸바, 손 몬뚜노(son montuno), 살사(salsa) 등과 형식과 스타일에서 아주 흡사하지만 결정적인 차이점은 템포와 발성이다. 플라멩코의 발성은 너무나 개성이 강해 그것만으로도 확실한 차이점이 되며 템포는 상대적으로 약간 느린 경우가 많다. 춤으로 룸바는 아직까지 전문적인 댄서들의 공연에서는 보기 어려우나 가끔 안무된 군무 형태로 추기도 한다.

깐떼스 데레반떼

깐떼스 데레반떼(cantes de levante)에는 따란따(taranta), 따란또(taranto), 까르따헤나(cartagenera), 미네라(minera), 무리시아나(murciana), 레반띠까(levantica) 등이 있다. 사실 깐떼스 데레반떼는 판당고스의 하위 장르로 구분하기도 한다. 발달한 지역도 안달루시아 동쪽이며 각 지역, 산지 및 광산 지역, 까르헤나 등의 해안 지역 등 지역적으로 발달한 것도 판당고스와 겹친다. 하지만 음악적으로 보면 리듬의 구조나 템포 등의 차이가 있지만 쉽게 구분하기는 어렵다. 음악적으로 땅고스의 성격을 갖기도 한다. 깐떼스 데레반떼에 대한 장르적 구분 및 설명은 복잡하며 전문적인 음악용어들이 서술되어야 하므로 생략한다.

기타 장르들

앞에서 언급되지 않은 장르, 여섯 가지의 기준으로 나눌 수 없지만 중요한 장르를 여기서 소개하겠다. 무엇보다 먼저 언급해야 하는 것이 바로 삼브라(zambra)이다. 삼브라란 명칭은 언어학적으로 보면 악기나 사람이 내는 소리, 소음 등을 의미한다고 한다. 또한 아랍어의 '파티'에서 그 명칭이 유래했다고도 한다. 일반적으로 집시들의 혼인잔치에서 볼 수 있는 것이 바로 삼브라이다. 관혼상제(冠婚喪祭) 중에서 어쩌면 제일 중요하며 가장 큰 축제라고 할 수 있는 것이 혼인잔치이다. 혼인잔치의 음악과 춤이라는 특성 탓에 화려하며 아랍문화의 영향이 직접적으로 느껴지는 장르 또한 삼브라이다. 특히 플라멩코 춤 중에서 밸리댄스와 유사한 동작이 많은 장르이기도 하다. 관광객들에게 가장 각광받는 관광 코스로 알람브라 궁전을 보고 알람브라 궁전이 내려다보이는 싸끄로몬떼(Sacromonte)산의 동굴에서 펼쳐지는 플라멩코 공연이 꼽히는데, 거기서 볼 수 있는 것이 바로 삼브라이다. 삼브라는 흥겨운 플라멩코 장르들에 많은 영향을 미쳤다.

또한 파루까(farruca)를 언급하지 않을 수 없다. 파루까는 굉장히 특별한 장르이다. 스페인의 서북쪽인 갈리시아 지역에서 유래했다고 알려졌기 때문이다. 갈리시아 지역에서 어떤 과정을 통해 안달루시아 지역에 영향을 주고 파루까가 성립했는지는 아직도 밝혀지지 않았다. 게다가 가수의 노래로 공연되는 경우가 거의 드물며 여성 댄서가 공연하는 경우도 아주 드물다. 기타를 비롯한 연주자들과 남성 댄서들을 위한 장르가 바로 파루까라 할 수 있다. 파루까란 명칭은 아랍권에서 유래했다는 설이 있다. 앞에서도 언급한 까를로스 사우라 감독의 플라멩코에서 호아낀 꼬르떼스는 특별하게 기타만이 아니라 현악 4중주와 함께 멋진 파루까를 펼쳐 보였으며 호아낀 꼬르떼스와 함께 젊은 댄서의 대표주자로 꼽히는 사라 바라스는 여성 댄서로 드물게 파루까를 공연하기도 했다.

세비야나스(Sevillanas)는 엄격한 기준으로 보면 플라멩코와 별 상관이 없는 장르이지만 일반적으로 플라멩코 춤을 배우기 전에 먼저 배우는 장르로 안달루시아 거의 모든 지역에서 어렵지 않게 만날 수 있는 대중적인 장르이기도 하다. 까스띠야의 세기디야에서 영향을 받았으며 그래서 음악적 형태는 세기디야와 많이 닮아 있다. 음악적으로는 약간 제한적이나 그 가사는 자유로운 편이다. 현재에도 계속 새로운 세비야나스 음악이 음반으로 매년 발매되고 있을 정도로 활발히 창작되고 있는 장르이기도 하다. 세비야나스는 그 이름에서 알 수 있듯이 세비야의 거의 모든 축제에서 볼 수 있다. 보통 둥근 원을 만들어 커플이 춤을 추며 파트너를 바꾸기도 하는데 이 모습은 전형적인 유럽의 포크댄스와 흡사하기도 하다.

마지막으로 신(新)플라멩코(el nuevo flamenco)를 소개하겠다. 이것은 플라멩코의 장르 이름이라기보다 현대적 플라멩코의 총칭이다. 가볍게 춤을 추며 즐기기 위한 음악도 있으며 볼레로 스타일의 애상적인 발라드도 있고 재즈와 흡사하며 음악적으로 굉장히 난해하며 복잡한 곡들도 있다. 테크노와 혼합된 스타일의 곡도 있고 중남미의 영향을 받아 마치 살사 혹은 꿈비아(cumbia)와 비슷하게 느껴지는 곡들도 있다. 춤의 측면에서 보면 전통적인 의상에서 벗어나 다양한 의상을 사용하는 경우도 있고 모든 장식을 벗어놓고 현대 무용 댄서처럼 타이즈만을 착용하고 어떠한 다른 효과나 도움 없이 댄서의 몸으로만 플라멩코를 표현하기도 하고 고전발레의 동작을 응용하거나 탭댄스 혹은 현재 유행한 춤의 동작을 응용하는 경우도 있다. 다만, 변하지 않는 것은 플라멩코 깐떼, 즉 노래로 특유의 발성과 그 소리는 마치 플라멩코의 상징과 같아서 신플라멩코에서도 변하지 않고 유지되고 있다.

플라멩코 아티스트

댄서

플라멩코는 무엇보다 춤이다. 춤을 빼고는 말하기 어렵다. 춤의 매력에 빠져 플라멩코의 세계에 뛰어든 사람들이 어쩌면 대부분이라 해도 과언이 아닐 것이다. 플라멩코는 화려함이라는 껍질 안에 인간의 감정들, 희로애락이 모두 녹아 있으며 그것을 마치 격정적인 리듬과 함께 몸으로 표현하기 때문이다. 특히 여성의 경우 30대 중반 이후가 되면 일반적으로 전문 댄서로서의 절정기에서 조금씩 멀어진다고 할 수 있지만 플라멩코는 40대부터라는 말이 있을 정도로 삶의 질곡을 어느 정도 헤치고 나온 사람만이 그 깊이를 표현할 수 있는, 삶의 무게가 녹아들어야 하는 춤이다.

플라멩코에서 댄서의 위치는 지휘자이자 연주자이며 댄서이다. 다시 말해 공연이 이루어지는 모든 공간을 지휘하는 것이 바로 댄서인 것이다. 관중들은 댄서를 통해 음악을 본다. 음악을 본다는 표현이 플라멩코를 즐기는 사람들에게는 너무나 공감이 가는 표현일 것이다. 댄서와 연주자와 가수가 유기적으로 결합되어 있으며 그것을 지휘하듯 이끌어 나가는 것이 댄서이다. 그러므로 훌륭한 플라멩코 댄서를 소개하는 것은 너무나 중요하다. 다만 댄서들의 숫자는 너무나 많다. 그래서 다분히 주관적인 기준과 판단과 취향에 의해 7명의 댄서들을 선정하였다. 하지만 '백문(白文)이 불여일견(不如一見)'이라고 댄서를 글로 소개한다는 것은 정말 한계가 눈에 보이는 일이다. 몇 백 권의 책을 보고 읽는다 해도 한 번의 춤사위를 당하지 못할 것이다.

안또니오 가데스

안또니오 가데스(Antonio Gades), 1936년 태어났으며 2004년에 타계한 플라멩코 댄서. 본명은 안또니오 에스떼베 론데나스(Antonio Esteve Ródenas)이다. 안또니오 가데스는 정규과정을 통해 댄서가 된 것이 아니라 11세부터 집을 떠나서 사진사 조수, 투우사 조수, 신문배달·판매 등을 하다가 그의 재능을 알아본 삐라르 로뻬스(Pilar López)의 무용단에 들어가 말단부터 시작하면서 춤을 배우게 된다. 후에 안또니오 가데스는 삐라르 로뻬스에게 춤의 미학적 측면보다 얼마나 정직하게 표현할 수 있는가, 그 순간에 얼마나 몰입할 수 있는가, 댄서로서 가장 중요하게 생각해야 하는 것은 무엇인가 등의 원론적이며 핵심적인 것들을 배웠다고 한다. 삐라르 로뻬스는 안또니오 가데스를 아주 섬세하며 열심히 노력하는, 쉬지 않고 연습하며 항상 새로운 것을 추구하는 댄서였다고 한다. 안또니오 가데스는 공식적인 연습 외에 매일 2시간씩 개인 연습을 했으며, 공연 일정이 잡히면 거의 쉬지 않고 연습하고 또 연습하는 연습벌레로 유명했다. 그는 60대 중반에 플라멩코 뮤지컬 <돈 후안(Don Juan)>을 만들어 내었다. 젊은 댄서 호세 그라네로(José Granero)와 합작이었으며 그의 최고의 작품으로 꼽히고 있다. 무엇보다 안또니오 가데스를 전 세계적으로 유명하게 해준 것은 영화 출연이었다. 물론 일반적인 배우로 연기한 것은 아니라 플라멩코 댄서의 범위 안에서 마치 공연을 하듯 연기를 했

안또니오 가데스가 출연한 영화
<까르멘>의 포스터.
왼편에서 포즈를 취하고 있는
사람이 그다.

다고 할 수 있는데, 그가 출연한 대표적인 작품이 <피의 결혼(Bodas de sangre)> <까르멘(Carmen)> <마법사를 사랑하리(El Amor brujo)> 등 까를로스 사우라 감독의 플라멩코 3부작이라 불리는 작품들이었기 때문이다. 그는 연기와 함께 춤을 선보이며 20세기 초부터 등장한 플라멩코 오페라 혹은 플라멩코 뮤지컬이라 부를 수 있는 장르를

개척했다. 이후 댄서들은 이야기가 있는 테마를 갖고 공연을 하는 경우가 많았는데 이것 또한 안또니오 가데스의 영향이라 할 수 있다. 이런 새로운 경향은 20세기에 계속 이어지고 있다. 이야기 즉, 서사와 결합한 플라멩코 공연을 공연예술이라는 관점에서 보면 한 단계 이상 올라섰다고 할 수 있을 것이다.

무용, 춤이란 관점으로 보면 안또니오 가데스는 마치 가교(架橋)와 같은 댄서였다고 표현할 수 있을 것이다. 안달루시아에서 펼쳐지는 정통 플라멩코와 유럽 전통의 발레와 현대적인 춤이 안또니오 가데스라는 댄서를 통해 하나로 혼합됐다. 추상적 감정만의 표현이 아니라 이야기를 표현하는 플라멩코, 작은 동작, 몇 가지 스텝만으로 여러 가지 감정을 표현하는 수준, 좀 더 연기적인 요소가 들어가 표현이라는 측면이 극대화되는 플라멩코를 개척한 사람이라 할 수 있을 것이다. 물론 개인적인 생각이지만 안또니오 가데스의 춤은 안달루시아의 질박한 집시의 춤보다는 현대적이고 세련된 무용에 가까워 보인다. 그의 표정이나 자세는 이후 젊은 플라멩코 댄서들이라면 누구나 필수적으로 해야만 하는 것으로 여겨질 정도였다. 현재도 젊은 댄서들의 스텝과 동작, 자세와 시선 처리에서 안또니오 가데스의 영향이 느껴진다. 현대적인 플라멩코와 스페인의 전통적인 춤을 가르치는 스페인 국립발레단(Ballet Nacional de España)[20]의 설립에도 참여했으며 공연예술 감독을 역임했다. 전 세계를 돌며 공연하였으며 수많은 사람들을 플라멩코의 매력 속에 빠지게 했다.

끄리스띠나 오요스

앞에서 언급한 안또니오 가데스와 함께 언급하지 않을 수 없는 댄서가 바로 끄리스띠나 오요스(Cristina Hoyos)이다. 1946년 세비야에서 태어났으며 발레리나이면서 플라멩코 댄서였고 안무가였다. 1968년부터 1988년까지 안또니오 가데스의 파트너로 20여 년간 최고의 플라멩코 댄서로 활동했으며 또한 영화에서도 그와 함께 까를로스 사우라 감독의 플라멩코 3부작의 주연과 안무에 참여하기도 했다. 1992년 바르셀로나 올림픽 개막식에서 공연하기도 했는데 수백의 댄서들과 함께한 서정적인 공연은 플라멩코의 예술적 측면을 극대화했다고 평가받기도 했다. 특히 말을 타고 주경기장을 가로지르며 퇴장한 모습은 1988년 올림픽의 굴렁쇠와 흡사하면서도 약간 다른 이미지로 많은 이들에게 기억되고 있다.

대중적인 면에서건 예술적인 면에서건 끄리스띠나 오요스는 명실상부하게 스페인을 대표한다고 할 수 있다. 그녀의 춤은 19세기 플라멩코가 처음 대중에게 공개되어 큰 인기를 누리던 초기의 플라멩코와 현대적인 무용이 결합한 스타일이라는 평가를 받았으나 후반기 작품들로 가면 갈수록 오히려 더 전통적인 플라멩코를 추구하였다. 많은 평론가들이 그녀의 춤에서 아주 예전 집시들이 처음 정착할 때의 리듬과 움직임, 시대를 뛰어넘은 듯한, 타임머신을 타고 몇 세기 전을 시간여행한 것 같은 아주 전통적인 안달루시아 냄새가 난다고 평가한다. 그것은 그녀의 춤이 아주 전통적인 요소를 표현하고 있다는 것을 말해 준다. 안달루시아의 전통적인 아름다움과 여성미가 그녀의 춤에서 아주 진하게 느껴짐으로 스페인만이 아니라 플라멩코에 빠진 많은 외국인 댄서들, 특히 여성들의 이상형으로 끄리스띠나 오요스는 언제나 제1순위이다. 현대 플라멩코에서 여성 댄서들의 아름다움을 이야기할 때 그녀의 춤을 언급하지 않을 수는 없다.

끄리스띠나 오요스.

까르멘 꼬르떼스

까르멘 꼬르떼스(Carmen Cortés)는 1957년에 바르셀로나에서 태어났다. 그녀의 가족은 안달루시아 토박이로 대대로 플라멩코 속에서 살았다고 할 수 있다. 그녀는 플라멩코를 통해 춤을 추기 시작했지만 전통발레와 고전무용의 전문가이기도 했다. 그녀의 작품들은 대개 현대적인 무용에 플라멩코적인 요소를 결합시키는 것으로 전통적인 플라멩코 작품의 경향보다 현대무용의 경향이 더 강하다고 할 수 있다. 하지만 그녀 또한 다른 보통 댄서들의 경우와 마찬가지로 일반 따블라오와 다양한 규모의 수많은 무대에 오르면서 최고의 위치에 오르게 됐다. 그녀의 춤은 실험적인 요소가 강해 전통적인 플라멩코를 원하는 사람들에게는 조금 낯설 수 있으나 공연예술로 무용을 즐

59

기는 사람에게는 플라멩코의 요소가 이국적으로 느껴지고, 플라멩코의 강렬한 표현으로 인해 다른 무용에서 느끼지 못한 감동을 느끼는 것도 사실이다. 1995년 페데리꼬 가르시아 로르까(Federico Garcia Lorca)의 헌정작품으로 알려진 <페데리꼬(A Federico)>와 그의 시에서 영감을 얻은 <이레르마(Yerma)>라는 작품과 1997년 오스카 와일드(Oscar Wilde)의 작품에서 영감을 얻었다는 <살로메(Salomé)> 등 다른 예술작품들을 테마로 한 그녀의 춤은 일반적인 혹은 대중적인 플라멩코 공연에서 느낄 수 없는 감동을 주었고 스페인 내에서나 국제적으로도 높은 평가를 받았다. 그녀의 실험적인 성격에는 그녀의 남편인 헤라르도 누네스(Gerardo Nuñez)의 영향도 무시할 수 없다. 음악과 춤의 결합으로 그녀는 항상 새로운 실험을 할 수 있었던 것이다. 그녀는 자신의 무용단과 그녀의 남편과 뮤지션들과 함께 외부의 도움이나 지원 없이 말 그대로 독립적으로 작업을 하는 것으로 유명한데 이런 모든 상황이 그녀를 현재 가장 예술적이며 실험적인 플라멩코 댄서가 될 수 있게 했을 것이다. 그녀의 영향을 받은 많은 댄서들도 플라멩코를 좀 더 새롭고 현대예술적인 모습으로 변화시키는 데에 몰입하고 있다.

안또니오 까날레스

1961년 세비야 뜨리아나에서 태어난 안또니오 까날레스(Antonio Canales)는 현재 대중적으로 가장 알려지고 사랑받는 댄서 중에 하나이다. 개인적으로 안또니오 까날레스를 알레한드로 산스의 공연과 뮤직비디오를 통해 처음 보았는데 플라멩코 댄서가 한 명 등장하여 춤을 추는 것이 얼마나 음악의 분위기를 바꿔 놓을 수 있는지 그때 처음 깨달았다. 안토니오 까날레스의 가족은 거의 모두가 준전문가라 할 수 있을 정도로 굉장히 플라멩코를 즐겨 왔으며 특히, 그의 할아버지는 직업적으로 활동하지는 않았으나 플라멩코의 요람이라 할 수 있는 뜨리아나에서 알아주는 플라멩코 가수였다고 한다. 어려서부터 춤을 좋아했고 세비야에서 기본기를 배운 후에 스페인 국립발레단에 입단하면서 좀 더 전문적인 댄서의 길을 걷게 된다. 곧 무용단에서 솔로로 춤을 출 정도로 중요한 위치에 올랐고 이후 대표적인 플라멩코 댄서로 다양한 공연과 쇼에 초대받게 된다. 그는 다른 남자 댄서들과는 다르게 풍부한 표정의 연기를 펼쳐 보이는데 관중을 향한 미소 등의 표정은 그의 트레이드 마크였다. 무엇보다 검은 의상을 입고 무대에 올라 펼쳐 보이는 그의 무대는 다양한 색깔로 물들어 있는 전통적인 플라멩코 무대에 익숙한 사람들에겐 약간 충격을 주는 것이다. 모든 외양적인 꾸임을 제외하고 오직 댄서의 몸으로만 플라멩코를 표현했던 안또니오 까날레스의 이런 경향은 이후 많은 젊은 댄서들의 모델이 되기고 했다. 안또니오 까날레스는 현재도 왕성하게 활동하고 있는 댄서 중의 한 명이며 플라멩코의 새로운 유형, 무용으로서 플라멩코, 현대무용을 비롯한 다른 장르와의 혼합 없이 오직 춤으로의 플라멩코, 그 진정성 안으로 몰입한 플라멩코의 새로운 대안을 제시한 댄서이다. 수많은 상을 받았으며 세계 각지에서 그의 무용단과 현재도 공연하고 있다.

호아낀 꼬르떼스

호아낀 꼬르떼스(Joaquín Cortés)는 세종문화회관에서 공연한 적이 있는, 우리나라를 찾은 몇 안 되는 플라멩코 댄서 중의 한 명이며 현재 플라멩코 댄서 중에서 가장 팝스타에 가까운 댄서이다. 1969년 꼬르도바에서 태어났으며 12세에 마드리드(Madarid)로 이사 가면서 춤의 세계에 빠져들기 시작했다. 15세에 스페인 국립발레단에 입단하여 곧 솔로로 춤을 추게 됐다. 이것은 마치 플라멩코 천재의 등장과도 같은 것이었다. 그의 몸은 마치 우리나라의 강원래, 김성재, 박진영 그리고 비의 느낌과 비슷하다. 쉽게 말하면 이들과 호아낀 꼬르떼스의 신체적인 조건이 비슷하다는 말이다. 긴 팔과 긴 다리, 균형 있게 발달한 몸은 댄서로서 가장 큰 자산이며 표현력을 극대화할 수 있는 조건과도 같은 것이다. 특히 이런 그의 신체적 특성은 까를로스 사우라 감독의 <엘 플라멩코>에서 펼쳐 보인 파루까에서 너무나 멋지게 드러나 수많은 사람들이 파루까의 명장면으로 꼽는다. 호아낀도 안토니오 까날레스와 비슷하게 자신의 몸으로 플라멩코를 표현하는 댄서이다. 전통 플라멩코에서는 상상하기 어려운 타이즈 형태의 바지와 웃옷을 입지 않은 모습 등 파격적으로 등장하는 모습에 일관적으로 흐르는 테마는 바로 댄서의 몸이기 때문이다. 그도 검은색 의상을 선호하

호아낀 꼬르떼스.

며 그의 팀이 모두 검은색 의상 혹은 하얀색 의상을 입는 경우가 많은데 검은 무대에 하나의 조명 그리고 호아낀의 등장은 플라멩코 춤의 세계로 몰입하는 데 확실한 조건이 된다. 유명한 팝스타와 공연을 한 적도 많으며 영화의 주연으로 연기를 하기도 했다. 자신의 팀을 만들어 공연한 <집시의 열정(Pasión Gitana)>과 <라이브(Live)>는 우리나라를 포함하여 수많은 나라에게 공연됐다.

많은 평론가들은 그에게 플라멩코의 미래라는 표현을 쓰는데 주저함이 없다. 그의 무대는 플라멩코 외에 다른 요소들도 혼합되어 있는 것이 사실이지만 오직 몸으로 승부하는 플라멩코 댄서, 자신의 밴드에서 까혼(cajon)을 연주할 정도의 음악적 센스를 가진 플라멩코 지휘자, 수많은 관중들, 플라멩코를 전혀 모르는 사람들마저 열광하게 만들 수 있는 대중성, 절정의 에너지, 플라멩코 에너지를 표현하는 표현력 등 그의 스타일이 분명히 미래의 플라멩코 모습 중의 하나라는 것은 의심할 여지가 없다.

에바 이에르바부에나

에바 이에르바부에나(Eva Yerbabuena)는 1970년 프랑크푸르트에서 태어났다. 독일 이주 스페인 노동자의 딸로 태어나 어려서부터 플라멩코 혹은 스페인 전통을 강조하는 분위기에서 자랐으며 12세에 정식으로 플라멩코를 배우기 시작했으며 16세에 그라나다로 이주하여 전문적인 댄서 교육을 받게 됐다. 그녀는 풍부하고 복잡한 감성을 표현하는 댄서로 이름이 높다. 하지만 그녀는 아주 전통적인 미인형의 댄서이기도 하다. 그리고 그녀의 춤 또한 플라멩코에서 표현할 수 있는 여성미를 극대화하여 표현한다고 평가하는 평론가들이 적지 않다. 그렇다고 그녀의 춤이 그저 여성미만을 강조하는 것은 아니다. 동시대의 다른 젊은 댄서들의 경우와 마찬가지로 그녀 또한 실험적이며 현대적인 느낌의 공연을 펼쳐 보였고 많은 상을 수상하며 그녀의 예술적 가치를 증명했다.

물론 그녀의 춤은 공격적이거나 실험적인 모습보다는 조금 더 부드러우며 여성적인 모습에서, 유려하게 움직이는 동선과 회전 그리고 손놀림과 자세 여기에 장신구와 의상 등이 조화를 이루어 플라멩코가 표현할 수 있는 아름다움을 표현하는 무대에서 그녀의 춤이 더욱 빛나는 것이 사실이다. 그의 남편이자 기타 연주자인 빠꼬 하라나(Paco Jarana)와 함께 1998년부터 국립발레단과 공연하고 있으며 2003년 그라나다에 자신의 무용단을 만들어 가르치기도 하고 공연하며 현재도 왕성한 활동을 하고 있다. 그녀는 스페인에서나 외국에서나 풍부한 감

에바 이에르바부에나.

성의 표현, 그리고 여성미를 드러내고 싶은 댄서들의 모델과
같은 존재이다.

사라 바라스

1971년 까디스에서 태어난 사라 바라스(Sara Baras)는 국제적
으로 유명하며 현재 플라멩코 댄서 중에서 가장 유명한 댄서
중 하나이다. 그녀의 어머니이자 유명한 댄서였던 꼰차 바라
스(Concha Baras)에게서 직접 어린 시절부터 춤을 배웠으며 18세
가 되었을 때부터 전문적인 댄서로 활동하기 시작했다. 그녀
는 아주 자연스럽게 집안의 분위기에 따라 플라멩코를 접하고
춤을 췄으며 어릴 때부터 재능을 보이기 시작했다. 이런 배경
은 그녀가 스페인 국영 텔레비전 방송국에서 장래가 유망한
예술가들에게 수여하는 젊은이의 상(El Premio Gente Joven)을 첫

번째로 수상하는 데 밑거름이 되었고 십대 후반부터 주목받는 댄서로 현재까지 활동하고 있다. 전문적인 무용단의 멤버로 전 세계를 돌며 공연을 했으며 1997년에는 자신의 무용단을 조직하게 된다. 이후 그녀의 이름을 걸고 나온 <쎈사시오네스(Sensaciones)> <쑤에뇨스(Sueños)> 현재까지 계속 공연 중인 <싸보레스(Sabores)> 등의 작품과 이야기가 곁들어진 <미친 사랑(Juana la Loca)> 그리고 페데리꼬 가르시아 로르까의 희곡을 기반으로 한 <마리아나 삐네다(Mariana Pineda)> 등에서 안무와 춤을 선보이며 자신의 기량을 선보였다.

댄서로서 사라 바라스는 약간 애매하게 느껴졌었다. 호아낀에 비교하면 팝적인 느낌이 떨어졌고 에바 이에르바부에나와 비교하면 상대적으로 여성미가 모자라서 대중적으로 어필하는 댄서로서 좀 모자란 느낌이었으며 정통 플라멩코를 소화하기엔 좀 어린 느낌이고 여성 댄서로서는 드물게 파루까를 선보이긴 했지만 젊은 도전 정신이 너무 높았던 탓인지 파루까 특유의 힘과 안정성은 좀 모자라 보이는 약간 설익은 것 같은 느낌이었다. 다시 말해 여기도 저기도 속하기 어려운, 잘 하긴 하지만 언제나 무언가 모자란 느낌을 주는, 혹은 애매한 느낌을 주는 댄서였다. 하지만 이런 느낌들은 그녀의 최근작 사보레스를 보면서 없어지게 됐다. 댄서들을 소개하는 첫머리에서 40대부터 시작인 춤이 바로 플라멩코라고 했었는데 거기에 딱 들어맞는 댄서가 바로 사라 바라스일 것이다. 물론 현재까지 이룩한 그녀의 춤, 작품들도 대단했다. 그것을 폄하하는 것이

아니라 그녀의 춤에 원
숙미와 힘과 에너지가
더해지면서 예전보다 더
강력해진 사라 바라스가
된 것이다. 게다가 이제
는 약간 나이를 먹은 그
녀의 표정은 늙었다는
표현보다 풍부해졌다는

사라 바라스.

표현이 어울릴 정도로 깊은 감성을 표현하고 있다. 말 그대로
압도적인 춤을 보여준 것이다. 감히 이제부터 그녀의 전성기
가 시작된다고 단언하고 싶을 정도이다. 가장 전통적이며 서
사적이고 실험적인 플라멩코가 이제부터 그녀에 의해 펼쳐질
것이라는 생각이 든다.

가수

앞에서도 언급한 것과 같이 플라멩코는 시각적인 부분이라
할 수 있는 춤과 청각적인 부분이라 할 수 있는 노래와 음악
이 약간 구분되어 발전해 왔다. 이것은 기술발전과 함께 나타
난 자연스러운 경향이라 할 수 있다. LP와 CD가 발명되면서
노래와 음악을 실제 눈앞에서 공연하지 않더라도 들을 수 있
고, 무엇보다 플라멩코 깐떼의 경우 쉽게 만날 수 없었던 거장
들의 목소리를 스페인 전역에서 아니 유럽 더 나아가 전 세계

에서 들을 수 있다는 것은 플라멩코가 따블라오를 벗어나 그리고 춤에서 벗어나 발전할 수 있는 환경이 마련됐다는 것을 의미한다. 노래의 경우 춤과는 다르게 아직 외국인 거장이 탄생한 적이 없다. 플라멩코 깐떼의 독특한 발성을 외국인들이 한다는 것이 안달루시아 사람들에게는 용납할 수 없는 일이었을 수도 있다. 춤으로 플라멩코가 전 세계적인 보편성, 보편적인 매력을 갖고 있다고 한다면 플라멩코 깐떼는 안달루시아의 집시들에게 무엇과도 바꿀 수 없는 자존심과 같다고 할 수 있다. 노래가 중심이 되는 솔레아와 세기리야를 플라멩코 최고의 장르로 간주하는 것도 이와 같은 맥락일 것이다. 우리나라의 창(唱)도 그렇지만 플라멩코도 감정을 직설적으로 표현하는 길게 뽑아내는 소리라 할 수 있을 것이다. 말 그대로 심금을 울리는 창법이라 할 수 있다. 이 질그릇 같은 발성과 창법으로 현재까지 수많은 사람들을 매료시켜 온 것이다.

이 책에 소개되는 가수들 외에 너무나 훌륭한 가수들이 있다는 것을 다시 한 번 강조하고 싶다.

안또니오 차꼰

안또니오 차꼰(Antonio Chacón)은 1869년 헤레스에서 출생했으며 1929년 마드리드에서 사망하였다. 플라멩코 역사에서 훌륭한 가수를 언급할 때 안또니오 차꼰을 빼고 이야기할 수가 없을 정도로 플라멩코 깐떼에서 가장 중요한 가수 중의 한 명이다. 소년 시절부터 춤을 추던 그의 동생과 친구였던 기타리스트 하비에르 몰리나(Javier Molina)와 함께 안달루시아 전역을 여행하며 공연으로 생계를 유지했다. 그 시절 고생을 피할 수 없었을 것이나 안또니오 차꼰은 자신의 삶에서 가장 행복한 시절로, 아무 생각 없이 노래하고 특별한 욕심이나 욕망 없이 살던 그때

안또니오 차꼰.

가 가장 행복했다고 회상하곤 했다고 한다. 물론 어린 세 친구들은 그들의 여행이 그저 모험처럼 느껴졌을 수도 있을 것이다. 그러나 이 와중에 사람들에게 감동을 주어야 삶을 연명할 수 있다는 절박함, 최선 이외의 선택의 여지가 없는 삶에 대한 깨달음을 어린 시절부터 뼈저리게 느꼈다는 것을 짐작할 수 있다. 사실 1869년부터 1929년은 스페인의 98세대와 27세대로 대표되는 새로운 혹은 작은 스페인, 쿠바마저 잃어버리고 엄청난 식민지를 거느린 대제국에서 유럽의 저발전국가로 전락한 스페인이라는 현실을 직시할 수밖에 없었던 시기이다. 게다가 제1차 세계대전을 겪었던 시기이다. 어쩌면 안또니오 차꼰은 스페인의 가장 어려운 시기에 활동한 가수라고 할 수 있다. 이 여러 가지 환경적 요인이 차꼰의 목소리에 노래에 반영됐고, 그것이 그를 더 유명하게 해 주었던 것이다. 세비야의 따블라오에서 일하게 된 차꼰은 얼마 되지 않아 최고의 가수가 됐다. 일반 가수들의 봉급의 2배 이상을 받는 최고의 대접

을 받았던 것이다. 요즘의 스타와 같이 차꼰의 노래를 듣기 위해 많은 사람들이 줄을 섰으며 그의 노래가 끝나면 박수가 그칠 줄 몰랐다고 한다. 마드리드에서 활동하면서 좀 더 대중적인 인기를 누렸고 플라멩코의 거의 모든 장르를 노래한 그였지만 그의 노래는 점점 더 정해진 리듬에서 벗어나 좀 더 자유로운 감성을 표현하는 스타일로 발전하게 된다. 특히 까르따헤나, 말라게냐 그리고 그라나이나 등 판당고스에서 그의 재능은 더 빛을 발하였다. 그의 업적을 기리기 위해 그에게 'Don'이라는 경어를 붙이지만 불행하게도 당시 음반 녹음 상태가 그렇게 좋지 않기에 그의 노래를 쉽게 접할 수는 없다.

라니냐 데 로스 뻬이네스

플라멩코에서 몇몇 장르, 예를 들어 파루까 같은 경우 여자가 춤을 추는 경우가 거의 없는데 노래의 경우에는 여자가 부르지 말라는 법도 없고 실제로 여성 가수들이 존재하는 것이 사실이다. 하지만 댄서의 경우 여성의 비율이 높은 편이지만 가수의 경우에는 남성의 비율이 압도적으로 높다. 여성이라고 노래하지 않는 것은 아니지만 높은 수준에 오르기는 어렵다는 것이 일반적인 통념이기 때문이다. 하지만 지금 소개할 라니냐 데 로스 뻬이네스(La Niña de los peines)는 훌륭한 여성 가수의 전형이다. 그녀는 1890년 세비야에서 태어나 1969년 사망하였다. 차꼰이 남성 가수의 전형이라 한다면 라니냐 데 로스 뻬이네스는 여성 가수의 전형이며 현재까지도 최고의 여성 가수를 언급할 때 빠질 수 없는 아니 최고의 자리를 지키고 있는 가수이다. 마찬가지로 자매들과 함께 어린 시절부터 공연했으며 꽤 유명했다고 한다. 그녀의 이름은 그녀가 습관처럼 노래하던 구절에서 유래했다고 한다.21)

라니냐 데 로스 뻬이네스.

그녀는 거의 모든 장르의 플라멩코를 소화했고 당시 최고의 작가였던 로르까도 그녀의 목소리에 매료되어 자신의 작품에 쓴 두엔데(duende), 플라멩코 깐떼에서 느껴지는 신들림, 듣는 이에게도 전염되는 플라멩코의 설명할 수 없는 마력을 그녀의 노래를 듣고서 표현했다고 한다. 여성 록커가 많이 없는 것과 플라멩코에 여성 가수가 많지 않은 이유가 깊은 감성을 표현하기엔 남성에 비해 여성의 목소리가 약하기 때문이라는 설이 있다. 하지만 이런 선입견은 그녀의 목소리를 듣게 된다면 수정하거나 예외를 인정하지 않을 수 없다. 그녀의 노래에 대한 평가는 평론가들마다 공통된다. 깐떼의 정점, 말 그대로 두엔데였다는 것이다. 그녀는 마치 약간 미친 여자와도 같았고 이야기하듯 읊조리기도 하였고 인간의 느낄 수 있는 거의 모든 감정을 표현하며 그 감정의 극단으로 몰아가곤 했다고 한다. 말 그대로 신명 나는 아니 신들린 순간이었고 그녀의 신들림은 듣는 이들에게 몰입의 형태로 전이되곤 했다고 한다. 그녀

의 이런 모습은 당대 아니 현재까지도 비교할 가수가 없을 정
도로 당시 최고의 가수라 했던 차꼰에 비해서도 전혀 뒤처지
지 않았다고 한다. 1996년 안달루시아 지역 의회에서는 그녀
의 목소리를 안달루시아의 문화 자산으로 인정하기도 했다.
사실 그녀의 목소리에 대한 묘사는 다른 외국인들에게는 낯설
거나 환상적으로 보일 수 있으나 신명, 신바람을 알고 마당놀
이, 풍물, 굿이라는 민속놀이의 경험이 있는 우리들에게는 이
해할 만하다. 그리고 이 점이 다른 나라에 비해 우리나라에서
플라멩코가 발전할 가능성이 있다는 것의 방증일 것이다.

마놀로 까라꼴

마놀로 까라꼴(Manolo Caracol)은 1909년 세비야에서 태어나
서 1973년 마드리드에서 사망하였다. 그는 플라멩코의 가문에
서 태어났다. 거의 모든 가족, 친지들이 플라멩코 뮤지션들이
었으므로 그가 가수가 된 것도 아주 당연한 일이다. 하지만 주
변이 모두 뛰어난 뮤지션들이었다는 말은 그들에게 인정받을
만한 실력을 보여 주지 않고선 노래하는 것 자체가 어려웠다
는 것을 말한다. 그는 오히려 너무나 좋은 환경이 줄 수 있는
보이지 않는 한계를 극복하기 위해 끝없이 노력하며 자신의
개성을 만들고 영혼으로 노래하며 다른 이들의 영혼을 감동시
킬 수 있도록 항상 노력했다고 한다. 특히 그의 아버지의 공연
을 따라 다니며 플라멩코 가수에 대한 막연한 동경을 키워왔
다고 한다. 1922년 그라나다에서 열린 소년 깐떼 혼도 경연대

회에서 우승하면서 프로 가수
의 세계로 들어서게 된다. 이후
따블라오를 비롯하여 여러 축
제에 초대되면서 점점 그는 유
명해진다. 스페인내전 기간 동
안 마놀로는 극장의 잡역부로
일하기도 하는데 이런 경험들
은 그가 슬픔이나 고독 등의 감
정을 표현하는 데 도움이 됐다

마놀로 까라꼴.

고 한다. 1943년 그는 댄서이자 가수인 롤라 플로레스(Lola
Flores)22)를 만났는데 그녀와 함께 1951년까지 활동하면서 다
양한 히트작을 만들게 된다. 이후 자신의 딸과 공연을 했다.
마놀로에 대한 평가는 극단적으로 갈리는데 그 이유는 그의
개성 때문이다. 굉장히 변칙적인 스타일로 어떤 뮤지션, 댄서
들과 공연을 하는지에 혹은 순간의 영감이나 그날의 분위기,
컨디션 등에 너무 많은 영향을 받는 가수였다는 것이 평론가
들의 공통적 견해이다. 플라멩코의 모든 장르에 뛰어났으나
자신의 개성이 너무 강하고 기복이 심한 가수였다는 것이다.
플라멩코의 전통적 틀, 음악적 구성, 악기 등에도 자유로웠으
며 가수로서의 느낌, 감성 등을 강조하는, 개성을 강조하는 그
의 스타일은 이후 깐떼 혼도의 이론적 틀을 잡는 데 그리고
가수들을 교육하는 데 많은 영향을 미쳤다. 그는 술 한 잔 걸
치고 풍류를 노래하는 마치 영화 <취화선>의 장승업을 연상

케 하는 예술가였다. 어쩌면 가장 플라멩코적인 가수였다고
할 수 있을 것이다.

포스포리또

포스포리또(Fosforito)의 본명은 안토니오 뻬르난데스 디아스
(Antonio Fernández Díaz)이다. 1932년 꼬르도바에서 태어났다.
1956년 꼬르도바에서 있었던 깐떼 혼도 경연대회에서 1등을
차지하며 데뷔하게 된다. 그 또한 차꼰의 경우와 마찬가지로
생계를 유지하기 위해 기타 연주자와 함께 이 마을 저 마을로
유랑하면서 공연했다고 한다. 이런 경험은 물론 그가 최고의
가수 반열에 오르는 데 아주 큰 힘이 됐다고 한다. 차꼰이 좀
더 낭만적으로 자신의 어릴 시절을 기억하는 것에 비해 포스
포리또는 자신이 유랑하던 시절에 아픈 추억이 꽤 많이 있었
다고 한다. 1956년 경연대회 1등상을 수상한 이후로 그는 플
라멩코 가수가 받을 수 있는 거의 모든 상을 수상하며 의심할
여지없이 당대 최고의 가수로 인정받았다. 또한 세계 각국을
돌며 공연하며 플라멩코 깐떼의 매력을 전파하고 당시 유행에
따라 몇몇 영화에 출연하기도 했다. 2001년 현재 최고의 기타
연주자 빠꼬 데루시아와 함께 자신의 음악세계를 돌아보는 베
스트 음반을 발매하게 된다. 평론가들의 평가는 깐떼 혼도와
포스포리또의 노래는 동의어라 할 정도였다. 즉, 플라멩코 노
래로 갈 수 있는 정점, 최고의 단계라는 것이다. 차꼰이 음반
으로 접하기 좀 어려운 감이 있지만 포스포리또의 노래는 현

재 음반으로 접할 수 있다. 플라멩코 노래, 특히 드라마틱한 감성의 구성이나 터져 나오는 감정들은 우리가 알고 있는 플라멩코 깐떼의 이미지와도 그렇게 다르지 않다. 누군가 플라멩코 깐떼의 정수를 알고 싶다면 주저하지 않고 권할 수 있는 그는 당대 최고의 플라멩코 가수이다.

까마론 델라 이슬라

까마론 델라 이슬라(Camarón de la Isla)는 1950년에 까디스에서 태어났으며 1992년 올림픽이 열렸던 해에 바르셀로나에서 사망했다. 까마론은 살아있는 플라멩코의 전설로 불렸다. 당대에 그 어떤 가수도 까마론과 견줄 수 없을 정도로 압도적인 인기를 누렸다. 아무리 큰 공연장이라도 까마론이 공연한다는 포스터만 붙는다면 꽉 채울 수 있다는 이야기나 까마론이 공연하지 않는 플라멩코 공연에는 파리가 날린다는 이야기가 돌 정도로 그의 인기는 플라멩코 가수를 넘어서는 것이었다. 그는 항상 노래하고 춤추는 전통적인 집시 가정에서 태어나고 자랐다. 플라멩코라는 요람에서 자란 것이다. 앞에서 소개한 가수들이 공연을 하는 전문적인 가수로서 혹은 뮤지션 집안에서 자랐다고 한다면 까마론은 춤과 노래를 좋아하는 집시 가정에서 자랐다는 점이 달랐다. 그의 가족들은 음악과 춤을 즐긴 것이지 생계를 위해 노래하고 춤 춘 것은 아니었다. 이런 자유로움, 다른 가수들에 비교에서 모든 면에서 자유로웠던 탓에 그는 좀 더 편하게 자신만의 스타일을 만들 수 있었다.

까마론 델라 이슬라.

그의 스타일은 스페인의 젊은 층도 좋아할 수 있는 플라멩코였고 그런 생각의 기반에는 어려서부터 플라멩코를 즐겼던 것이 큰 영향을 미쳤을 것이다. 그에게 플라멩코는 계속 살아서 움직이고 변화하는 것이었다. 플라멩코의 장르는 그저 장르적 특성만을 말하는 것이었고 녹음해서 듣는 것처럼 매번 똑같은 공연은 불가능하며 플라멩코의 두엔데, 플라멩코적 감흥은 순간적이며 직접적이며 즉각적인 것으로 반복할 수 없는 것이었다. 영미권의 팝음악과 로큰롤과 디스코가 유행하던 시기에 까마론은 즐기는 플라멩코를 추구하여 고리타분한 것으로 치부되던 플라멩코에 새로운 바람을 넣었고 현재까지 플라멩코가 자신의 영역을 구축하는 데 지대한 영향을 끼쳤으며 그의 스타일은 현재 스페인의 수많은 가수들에게 영향을 미치고 있다. 그중의 하나가 바로 라틴팝의 황제 알레한드로 산스이다.

연주가

마지막으로 소개하는 것이 바로 플라멩코 뮤지션, 연주가들이다. 상대적으로 연주가들은 댄서나 가수들에 비해 자유롭다.

댄서들이 아무리 실험적인 무대를 만든다고 해도 플라멩코의 전통적인 리듬이나 스텝, 움직임 등 플라멩코의 맛이 나는 부분을 제거하기 어렵고 플라멩코 가수가 아무리 다른 장르의 노래를 부른다고 해도 그 특유의 발성을 벗어나긴 어렵다. 하지만 음악의 경우는 상대적으로 더 자유롭다. 어찌 보면 새로운 플라멩코를 이끌고 있는 가장 큰 축이 바로 연주가들일 것이다. 플라멩코에서는 여러 악기들이 사용되지만 플라멩코의 악기는 바로 기타이다. 리듬과 멜로디 모두를 리드하는 것이 바로 기타이며 기타가 바로 플라멩코 음악의 핵심이다. 기타 반주만으로 댄서는 플라멩코를 출 수 있고 가수도 노래할 수 있다. 하지만 기타 반주 없이 춤을 추거나 노래하는 것은 힘들다. 불가능하다고 할 수는 없지만 어려운 일이다. 그만큼 기타는 플라멩코에서 중요하다. 플라멩코 기타 연주자에게 기타만 있다면 그는 플라멩코를 연주할 수 있다.

기타는 다양한 현악기의 영향을 받아 만들어졌다고 하는데, 현재 우리가 사용하는 기타로 발전한 곳이 바로 스페인이다. 다시 말해 스페인을 대표하는 악기가 바로 기타라 할 수 있다. 어떤 학자에 의하면 현재의 플라멩코는 집시와 기타가 만나서 이루어졌다고 한다. 하지만 기타와 플라멩코와의 만남의 역사는 그렇게 길지 않다. 또한 처음으로 플라멩코에 기타가 사용됐다고 알려진 18~19세기에는 양의 내장이나 실크에 동선을 감은 현을 사용했으므로 기타의 가격이 상당했다. 하지만 스페인은 기타의 나라라고 할 수 있을 정도로 기타가 인기였으며 귀족들의 클래식 음악에 사용되던 기타는 점점 일반 사람들의 악기로 다가갔다. 그리고 플라멩코를 만난다. 아니 기타가 집시들과 만나서 플라멩코를 만든 것이다. 그리고 그것은 아직도 완료되지 않았다.

마놀로 산루까르

플라멩고 기타 연주자인 마놀로 산루까르(Manolo Sanlúcar)는 1943년 까디스에서 태어났다. 빵집을 하던 아버지에게서 기타를 배웠다. 어려서부터 기타를 연주했고 자연스럽게 볼 수 있었던 집시들의 축제에서 플라멩코의 느낌을 체득할 수 있었다. 노래하고 춤추며 노는 중에 자연스럽게 자신의 연주, 자신의 개성을 살리는 연주를 할 수 있었다고 한다. 점점 더 기타 연주자로 유명해졌으나 열네 살 때까지 아버지의 빵집에서 일했다. 이후 그는 전문적인 기타 연주자로 나서게 된다. 그의 나이 서른이 되기 전에 최고의 기타 연주가로 꼽히게 됐다. 물론 서른 이전이라 해도 그가 기타를 연주한지 20여 년 경력의 베테랑 연주자이지만 말이다. 최고의 플라멩코 연주자가 된 이후 그는 만족한 것이 아니라 새로운 모색, 실험을 찾게 된다. 그가 가장 큰 목표로 두었던 것이 교향곡과 플라멩코의 만남이었다. 그는 기타의 가능성, 작은 교향악단이라는 그 가능성에 눈을 뜬 후 계속적으로 교향곡과 플라멩코의 만남이란 테마를 생각했던 것이다. 그는 몇 곡의 작품을 남겼으며 그 시도는 이후 많은 연주자들에게 큰 자극이 됐다. 하지만 그가 클래식 음악을 상위에 놓고 플라멩코를 거기에 맞추려 한 것은 아니었다. 그는 플라멩코를 시적이며 예술적이고 그 어느 음악보다 보편적이며 음악적인 수준 또한 굉장히 높으며 음악적 분석과 연구를 해 볼 만한 장르라고 생각한 것 같다. 특히 플라멩코가 어느 민족이나 부족의 음악이 아니며 전통문화의 산물이 아니라 현재 살아있는 보편적인 것이란 믿음은 주목할 만한 부분이다. 일반적으로 악보를 사용하지 않는 집시들의 전통을 거스르며 악보에 플라멩코를 기록하고 교향악단과 협연을 할 때도 많은 반대와 거부감이 있었으나 그는 악보를 기록하는 이유는 그 악보대로 연주하라는 의미가 아니라 교향악단 단원들에게 플라멩코의 느낌을 알리기 위해서이며 실제 연주할 때는 악보에 담겨 있지 않은, 아니 담을 수 없는 것이 연주될 것이라 말하기도 하였다. 또한 마놀로는 플라멩코 오페라의 음악을 맡기도 했다. 어떻게 보더라고 그는 플라멩코를 새롭게 하고 보편적인, 세계인들의 음악이 되도록 노력한 것 같다. 물론 이 경우에는 플라멩코에서 음악이란 측면만을 강조한 것이나 플라멩코는 확실히 춤과 노래 그리고 음악의 부분이 서로 서로 독립된 듯 발전하면서도 플라멩코 오페라와 같은 프로젝트에서 서로 발전한 형태로 다시 만난다. 그의 노력들은 이후 플라멩코에 다양한 음악적, 공연예술적 실험들이 이어지면서 계속 된다. 하지만 그가 시도한 여러 가지 시도들 안에 현재 플라멩코의 거의 모든 모습이 담겨 있다고 해도 과언은 아닐 것이다.

빠꼬 데루시아

1947년 까디스에서 태어난 기타 연주자 빠꼬 데루시아(Paco de Lucía)는 현재 플라멩코 기타 연주자 중에서 세계적으로 가장 널리 알려진 연주자이다. 그의 동생 뻬뻬 데루시아(Pepe de Lucía) 또한 현재 최고의 플라멩코 가수로 꼽히고 있다. 그는 어려서부터 경제적으로 넉넉한 상황이었고, 아마추어 기타 연주자였던 아버지의 적극적인 지원으로 재정상의 특별한 어려움 없이 높은 수준의 플라멩코 기타 연주자가 될 수 있었다. 그의 가족들은 직업으로 플라멩코에 매진하지 않는다고 해도 플라멩코에 물들어 있었고 그의 가족들은 모두 플라멩코 전문가라 할 수 있다. 빠꼬 또한 어린 시절부터 플라멩코 안에서 기타를 치고 놀면서, 춤과 노래와 함께 하며 자랐다고 할 수 있다. 13세 때부터 프로로 활동했고 처음 프로로 무대에 올라설 때도 무대경험이 거의 없었으나 플라멩코 안에서 자라난 덕분에 작은 실수 하나 없이 거의 완벽한 무대를 만들었다고 한다. 까마론 델라 이슬라를 만나 같이 공연하면서 플라멩코 기타 연주자로 최고의 명성을 쌓았다. 까마론의 자유로운 플라멩코는 빠꼬에게도 많은 영향을 미친다. 빠꼬는 곧 까마론의 기대, 예상 이상으로 훌륭한 연주를 했고 당대 플라멩코 기타의 모범처럼 인식된다. 그는 끝없이 실험하고 새로운 시도를 하면서 '변화'가 빠꼬의 스타일이라는 말도 듣는다. 하지만 어떤 스타일로 연주하든 빠꼬에겐 그저 다름 아닌 플라멩코를 연주하는 것이었으며 재즈 연주자와 협연에서도 클래식 무대에서도 그

에겐 그저 플라멩코를 연주한 것
이었다. 다양한 음악과의 협연과
실험 등은 이후 재즈와 플라멩코
와의 혼합을 구상하는 계기가 되
기도 한다. 특히 1982년 재즈 피
아니스트 칙 코리아(Chick Corea)와
의 협연과 1996년 기타 트리오
라이브로 알려진 존 맥러플린
(John McLaughlin), 알 디 메올라(Al
di Meola)와의 공연은 전 세계에

빠꼬 데루시아.

플라멩코 기타의 깊이와 음악 안에서의 대화란 무엇인가를 보
여 준 수준 있는 공연으로 현재도 많은 이들에게 기억되고 있
다. 재미있는 것은 빠꼬가 진정으로 되고 싶었던 것은 바로 가
수였다는 것이다. 하지만 어린 시절 수줍고 뚱뚱한 편이어서
자신의 몸보다 더 컸던 기타 뒤로 숨었다고 한다. 그런 수줍은
소년의 모습에서 세계 최고의 플라멩코 기타 연주자가 탄생한
것이다. 실험적인 면도 빠꼬의 특징을 잘 보여 준다고 할 수는
있지만 사실 빠꼬 데루시아 기타의 매력은 무엇보다 그의 감
성이다. 섬세하면서도 애상적인 그의 감성, 약간 수줍은 소년
을 연상시키는 그의 감성에서 다른 장르, 다른 성향의 음악을
허용하고 받아 줄 수 있는 공간을 만날 수 있다. 이런 그의 감
성 때문에 자신의 색깔이 너무 강해 혹은 전통의 색깔이 너무
강해 다른 변화를 생각할 수 없는 다른 음악인들과는 달리 계

속적인 변화와 발전을 추구할 수 있었다. 물론 너무나 전통적인 플라멩코 기타를 기대하는 사람들에게 빠꼬의 음악은 약간 버터 냄새가 나거나 좀 힘이 없는 듯이 보일 수 있다. 하지만 섬세한 감성을 가진 이들에게 빠꼬 데루시아란 최고의 플라멩코 기타 연주자로 그를 대체할 수 있는 연주자는 한동안 만나 보기 어려울 것이다.

또마띠또

또마띠또(Tomatito)는 말라가와 까르따헤나의 중간 지역인 알메리아(Almería)에서 1958년에 태어났다. 까마론 델라 이슬라가 자신의 기타 연주자로 삼기 전까지 그는 거의 무명에 가까웠다. 다른 유명한 연주자와 마찬가지로 플라멩코 음악을 하던 집안에서 태어났으며 알메리아 지역에서는 그의 동생과 기타 이중주 연주로 어느 정도 이름이 있었다. 이후 까마론이 죽을 때까지 또마띠또는 그의 기타 연주자였다. 믿음으로 다져진 그들의 관계는 인간적인 면에서만이 아니라 음악적인 면에서도 드러났다. 또마띠또는 까마론의 든든한 지지자였고 연주자였다. 마치 친형제와 같이 서로를 챙겼고 무엇보다 까마론의 노래를 가장 잘 이해하는 기타 연주자가 바로 또마띠또였다. 그는 항상 까마론을 존경한다고 직간접적으로 밝혀 왔다. 플라멩코의 중심지도 아니었던 알메리아 출신의 이름 없는 기타 연주자를 까마론은 자신의 파트너로 삼았다. 또마띠또는 그가 죽은 이후에도 어떻게 그가 자신을 알았는지 몰랐다고 한다. 하지만 플라멩코 연주
자에게 당대 최고의 인기였
던 까마론과의 만남은 그가
플라멩코 음악계에서 자신
의 이름을 걸고 일을 할 수
있게 됐다는 말과 같았다.
하지만 음악적 파트너로 까
마론과 또마띠또의 관계는
적어도 평등하지는 않았던
것 같다. 그의 노래가 아무
리 형편없는 날이라도 그는

까라론 데라 이슬라와 또마띠또 그리고 빠꼬.

자신의 기타가 그의 노래에 빠져 들었고 그의 음악과 노래에
자신이 녹아 들어 그저 그의 노래의 장식품 같았다고 밝히고
있으니 말이다. 까마론 함께 그가 죽을 때까지 함께 공연하고
음반작업도 함께 했다. 까마론의 마지막 기타 연주자는 바로
또마띠또였다. 까마론과 빠꼬와 또마띠또는 함께 공연한 적도
있고 넉 장의 앨범을 함께 녹음하기도 하였다. 일설에 의하면
또마띠또를 알아보고 까마론에 소개한 사람이 빠꼬라고 한다.
그래서 어떤 자료에는 빠꼬의 제자로 또마띠또를 소개하기도
하지만 정확히 그들의 관계가 사제지간은 아니었던 것 같다.
빠꼬와 또마띠또를 비교하는 것은 쉽지 않은 일이다. 하지만
적어도 까마론과 더 잘 어울렸던 기타 연주자는 또마띠또였다
고 할 수 있을 것이다. 개인적으로 또마띠또의 기타는 재즈와

플라멩코가 녹아든 스타일이라 생각한다. 무엇보다 도미니카 공화국 출신의 재즈 피아니스트 미쉘 까밀로(Michel Camilo)와 작업한 <스페인(Spain)> <스페인 어게인(Spain again)>이란 앨범에서 자신만의 독창적인 스타일을 선보이기도 했다. 현재도 개인 연주자로 활동하는 또마띠또 또한 이후의 음악이 더 기대되는 기타 연주자 중 한 명이다.

라이문도 아마도르

라이문도 아마도르(Raimundo Amador)는 1960년 세비야에서 태어났다. 그의 아버지에게서 기타를 배웠으며 어린 시절 그렇게 넉넉한 형편이 아니어서 열두 살 때부터 길거리에서 돈을 벌기 위해 기타를 쳤다. 지금도 중남미에서 어렵지 않게 볼 수 있는 장면, 모자를 놓고 여러 재주를 보이거나 연주를 해서 하루하루 살아갔던 소년 소녀들의 모습과 라이문도의 어린 시절은 그렇게 차이 나지 않았다. 연주로 유명해진 라이문도는 프로 기타 연주자로 세비야를 기반으로 활동하게 된다. 세비야의 유명한 따블라오인 로스 히따니요스(Los Gitanillos)에서 까마론 델라 이슬라와 빠꼬 데루시아를 만나며 라이문도는 인생의 전환점을 마련하게 된다. 1979년 까마론의 명반 중에 하나인 <시간의 전설(La Leyenda del Tiempo)>에 기타 연주자로 참여하여 플라멩코 대표 기타 연주자 중에 자신의 이름을 올리게 된다. 1970년대 중반에 플라멩코의 새로운 바람이었던 키코 베네노(Kiko Veneno)를 만났고 1977년 <중독(Veneno)>이라는 앨범에서 함께 작업하게 된 다. 이 앨범의 음악들은 특히 젊은 세대에게 많은 반향을 일으키게 된다. 이후 라이문도는 자신의 밴드 아라하따블라(Arrajatabla)를 조직하고 활동했고 1981년에는 그의 동생 라파엘라와

라이문도 아마도르.

함께 빠따 네그라(Pata Negra)를 결성한다. 빠따 네그라는 라이문도의 음악적 여정의 중간 정착지라 할 수 있는데 그들의 음악은 플라멩코와 미국의 블루스가 혼합된 형태였다. 1989년 이후 솔로로 활동하면서 라이문도는 결정적 변화를 맞이한다.

1995년 발표한 솔로 앨범 <헤룬디나(Gerundina)>에서 아르헨티나 출신의 로큰롤 가수 안드레스(Andrés Calamaro)와 미국 블루스의 전설적 기타 연주자 비비 킹(B.B. King) 등과 협연했다. 그리고 1997년 두 번째 솔로 앨범에서 기타 연주자 출신으로는 파격적으로 전자기타를 연주하게 된다. 플라멩코를 떠났다, 변절했다 등의 비판적 시각이 없던 것은 아니지만 플라멩코와 블루스가 혼합된 그의 음악은 기타가 음악을 결정하는 것이 아니라 연주자가 음악을 만들어 간다는 것을 보여 준 좋은 예가 됐다. 물론 전통주의자들에게 그의 시도는 변절로 보일 수 있으나 플라멩코의 정신과 그 미학적인 기본이 살아있다면 어떤 기타를 사용하든 어떤 악기를 사용하든 문제가 될

것이 없었던 것이다. 플라멩코가 형식 안에 갇힌 음악이 아니라는 것을 그의 음악을 통해서 찾을 수 있다.

차노 도밍게스

차노 도밍게스(Chano Domínguez)는 처음으로 소개하는 플라멩코 및 라틴재즈 피아니스트이다. 1960년 세비야에 태어났다. 플라멩코에 매료된 그의 아버지가 8세인 차노에게 기타를 선물해 주면서 그는 음악의 세계, 플라멩코 세계에 빠져든다. 12세에 교회 성가대에 들어가고 거기서 오래된 파이프 오르간을 만난다. 그렇게 처음으로 만난 건반악기는 기타와는 다른 소리로 차노를 매료시켰다. 건반악기를 공부하면 할수록 그의 음악적 기반이 된 플라멩코와 당시 세계적으로 인기가 있었던 재즈의 세계가 그의 안에서 하나로 혼합됐다. 18세가 되었을 때 까이(CAI)라는 이름의 밴드를 결성하고 프로 음악인의 세계에 들어선다. 그의 밴드는 로큰롤 풍의 음악을 연주했는데 이들의 음악은 안달루시아만이 아니라 스페인 전역의 젊은이들에게 많은 반향을 일으켰다. 1981년 팀은 해체되었으나 점점 더 재즈의 세계에 빠져들었다. 이후 스페인의 전설적 밴드 히스까디스(Hiscadiz)와 협연하면서 그의 음악은 좀 더 세계적 재즈 스타일로 향하게 된다. 이후 또마띠또를 비롯한 많은 음악인들과 협연하면서 재즈적인 플라멩코, 플라멩코적인 재즈를 추구하게 된다. 라틴재즈에서도 그의 음악은 아주 독특한데 플라멩코라는 자신의 음악적 뿌리가 항상 그의 음악에 담겨 있기 때문이다. 그의 음악적 실험은 아직도 계속 된다고 할 수 있는데 앞에서 언급한 뻬르난도 뚜루에바 감독의 <까이예 54>에서 플라멩코와 재즈가 만나는 실험적인 음악을 선보이기도 했다. 물론 기타의 역동적인 리듬과 멜로디에 익숙한 사람들에게는 차노의 피아노에서 버터 냄새가 난다고 할 정도로 거부감을 느낄 수 있다. 하지만 새로운 음악의 탄생하기 위해서는 새로운 시도가 있어야 한다. 물론 차노가 그저 실험적인 음악만을 하는 것은 아니다. 2005년에 발표된 <플라멩코 재즈(Flamenco Jazz)>라는 앨범에서 어느 정도 정리된 그의 음악을 선보였다. 앞에서 언급한 같은 해에 태어난 라이문도가 블루스와 로큰롤적인 플라멩코를 추구하고 만들어 간다면 차노는 라틴재즈적인 플라멩코를 만들어 간다고 할 수 있다. 이들의 음악에 플라멩코의 미래가 있다. 이들을 통해 새로운 플라멩코의 씨앗이 뿌려지고 싹이 나고 있다고 해도 과언이 아니다.

나가며

　지금까지 플라멩코 댄서들과 가수들과 음악인들을 소개했다. 물론 다분히 개인적인 취향으로 뽑은 사람들로, 여기 소개된 사람들은 플라멩코 세계의 일부일 뿐이다. 플라멩코의 세계는 훨씬 더 크고 넓다. 여기 소개된 것들은 플라멩코의 세계로 들어가기 위한 기본적이고 대략적인 정보일 뿐이다.

　마지막장에 이야기할 것은 바로 플라멩코의 진정한 감흥이다. 물론 다른 공연예술에서도 감흥을 느낄 수 있다. 하지만 플라멩코의 흡입력과 감흥은 다른 공연예술과 비교하지 못 할 만큼 강력하다. 이 강력한 전율의 순간을 두엔데라는 개념으로 표현할 수 있다. 플라멩코의 마력, 마성을 말하는 이 두엔데는 우리식으로 '신들림, 신명남, 신바람, 신난다 등의 개념이라고 할 수 있다. 즉, 신기(神氣), 일상과 상식을 뛰어넘는 순간의 경험을 두엔데라 표현한 것이다. 그렇기에 이 두엔데를 가장 이해할 수 있는 민족이 바로 우리 민족이 아닐까 한다. 공자는 『예기(禮記)』 중 「악기편(樂記篇)」에서 '악자위동(樂者爲同)'이란 표현을 썼다. 음악은 하나됨을 위한 것, 음악은 나와 너와 그리고 자연과의 화해를 위한 것으로 음악이란 행위를 통해 사람은 일체감을 느낄 수 있다는 것이다. 여기서 음악이라고 표현한 것은 전반적인 예술행위를 의미하는 것일 것이다. 멕시코의 시인 옥따비오 빠스(Octavio Paz)는 이것을 아날로지(analogy)라고 표현했다. 한 개인과 우주와의 상응, 우주적 형제애를 가리켜 아날로지라 표현하였고, 이것은 시를 통해 인간이 가질 수 있는 미적 반응이라 하였다. 동서고금을 막론하고 공통적으로 찾아볼 수 있는 이런 예술적 감흥은 개인화되고 있는 현재 쉽게 느낄 수 있는 것이 아니다. 하지만 플라멩코는 같은 공간에서 예술적 행위에 서로가 참여하는 장르로, 참여하는 범위나 깊이는 서로 다르다고 해도, 가수와 댄서와 연주가 그리고 관중이 유기적으로 연결되어 그 순간 서로 한 팀인 듯한 공감대를 형성하고, 그 공감대를 바탕으로 폭발적인 감정의 상태로 이끌어 간다. 가수의 한숨과 탄식, 댄서의 조그마한 표정, 기타의 조용한 울림에도 깊은 감정의 흐름을 느끼며 터져 나오는 정열의 순간, 노래와 춤과 음악이 절정으로 치닫는 순간에 자신 안에 숨겨져 있던, 아니 숨겨져 있다는 사실조차 몰랐던 깊은 감성의 드러남을 경험하는 것이다. 물론 이런 깊은 감성의 드러남은 슬픔, 분노 등의 약간 어두운 감정에서 느끼는 것이 일반적이다. 이런 의미에서 플라멩코의 두엔데를 '검은 마성'이라 부르는 것도 틀린 말은 아닐 것이다. 하지만 이런 모든 이야기들은 본인이 직접 경험하지 못한다면 그저 탁상공론에 불가한 것이다. 플라멩코 공연을 제대로 즐길 수 없는 우리나라의 상황에서는 그런 플라멩코의 정수를 느끼는 것이 어려운 일이다.

하지만 형식적인 조건이 내용을 담보하지 못하는 것과 같이 여러 가지 여건들이 좋다고 플라멩코의 정수를 느낄 수 있는 것은 아니다. 어떤 정서적 동질감, 일체감으로 설명할 수 없는 것이 두엔데이며 플라멩코의 정수이다. 앞에서 계속 언급된 감정의 극단, 깊은 감성 등은 그 경험이 없으면 느끼기 어려운 것이다. 집시들의 깊은 슬픔을 우리의 한(恨)의 개념을 빌려 이해하면 가장 쉬울 것이다. 몹시 원망스럽고 억울하거나 안타깝고 슬퍼 응어리진 마음, 풀 수 없어 가슴에 맺힌 것이 바로 한의 정서이다. 맺힌 한은 어떤 방식으로든 풀어야 한다. 이 한풀이 개념이 무속적으로 발전한 것이 살풀이일 것이다. 어찌 보면 집시들의 살풀이, 한풀이가 바로 플라멩코라 할 수 있다. 이 살풀이를 이해할 수 있는 민족은 그것을 경험한 우리 민족이다. 플라멩코의 신명남과 어두운 감정의 두 가지 극단 모두를 이해할 수 있는 것은 어쩌면 우리 민족뿐일 수도 있다. 그러므로 우리나라에서 플라멩코가 발전할 가능성은 아주 높다.

이 책을 보고 많은 사람들이 직접 플라멩코를 알기 위한 여행길을 떠났으면 하는 바람이다. 마드리드의 지하철역 오페라 근처의 www.elflamencovive.com이라는 가게에서 스페인 전역의 플라멩코 정보를 알 수 있는 『알마100(Alma100)』이란 월간지를 무료로 나누어 준다. 그 책 한 권만 있으면 플라멩코 여행에 필요한 거의 모든 정보를 얻을 수 있다. 물론 가게의 주인이나 일하는 사람에게 추천받는 것도 좋은 방법이다. 세비야는 전 세계적으로 알려진 플라멩코의 중심 지역이다. 하지만 앞에서도 많이 언급되었던 헤레스와 그라나다의 동굴 공연도 놓치기 아까운 플라멩코의 정수이다. 물론 지역의 따블라오 또한 플라멩코를 느낄 수 있는 좋은 방법이지만 플라멩코의 정수는 앞에서 언급한 많은 댄서들, 연주자들, 가수들의 공연에서도 분명히 느낄 수 있다. 그들의 공연이 있다면 꼭 놓치지 말고 가 보라고 권유하고 싶다. 그리고 우리나라에 플라멩코를 즐기는 사람들이 더 늘어나 댄서만이 아니라 기타 연주자, 가수들이 배출되어 아시아 최고 수준의 공연을 선보이는 따블라오가 생겨 플라멩코와 우리의 음악, 우리의 춤이 자연스럽게 교류할 수 있는 계기도 마련되었으면 한다. 너무나 매력적이기에 누구에게나 권유하고 싶은 플라멩코, 이 책이 우리나라의 많은 사람들에게 플라멩코를 접해 보라는 권유서로 읽히기를 바란다.

주

1) 플라멩코의 표기에 있어서 현행 외래어 표기법에 따르면 플라멩'코'로 표기하는 것이 옳다. 그리고 한편으로 그동안 알려지기는 플라멩'고'로 가장 많이 알려져 있다. 하지만 현지어 음에 가장 가까운 표기는 플라멩'꼬'이다. 이 책에서는 플라멩코의 느낌을 가장 잘 살릴 수 있는 '플라멩코'로 표기한다. 단, 책 제목과 장 제목에 있어서는 외래어 표기법을 따라 '플라멩코'로 표기했다.

2) 이런 생각은 15세기까지 이어졌던 것 같다. 콜럼버스의 목적지도 사실 인도였고 인도에 대한 환상은 여러 이야기가 그 근원이 되겠지만 그 시작은 당연히 알렉산더 대제의 정복사업으로 보아야 할 것이다.

3) 4세기경 유럽에 나타난 훈족이 흉노족과 같은 계열이며 이 흉노족이 이후 돌궐로 이어진다는 가설이 증명이 된다면 집시를 비롯한 유럽의 민족사도 대폭 수정되어야 할 것이다.

4) J.P. Clébert, *Los Gitanos*, Aymá, 1965, p.46.

5) 『브리태니커 백과사전』 중 '흑사병' 항목.

6) 한길사에서 출판된 『하멜른의 피리 부는 사나이』에 이 설화에 대한 이야기가 자세히 소개되어 있다.

7) Arcadio Larrea palacín, *El Flamenco en su raíz*, Signatura, p.24.

8) 『브리태니커 백과사전』 중 '집시' 항목.

9) 론리 플레닛(Lonely planet)을 비롯한 거의 모든 여행 가이드 책에 공통적으로 언급되는 사실이다.

10) 세르반테스는 『모범소설』은 12편이 완역되어 출판되어 있다. 모두 중·단편으로 장편과는 다르게 다양한 주제와 위트 넘치는 작가의 기법을 맛볼 수 있다.

11) 여기에는 약간 이견이 있을 수 있다.

12) 사실 신대륙의 식민지로 이주한 스페인 사람 중에서 78퍼센트가 세비야 출신이었다. 다만 그중에 집시가 어느 정도의 비중이었을지는 정확한 통계가 없으나 이주나 유랑에 큰 거부감이 없는 집시들이 많았을 것이라 짐작할 수 있다.

Cf) Enrique Ureña amado, *Gramática castellano*, Editorial Rosada, 1999, p38.

13) 플라멩코가 공연되는 무대 그리고 공연되는 곳도 따블라오 (tablao)라고 부른다.

14) 이 사실로 보아 스페인의 집시들은 북쪽에서 유입됐다거나 혹은 프랑스 벨기에 인접 지역인 플랑드르 지역의 집시들이 바르셀로나를 통해 유입됐다고 보는 견해도 있다.
Cf) J.P. Clébert, *Los Gitanos*, Aymá, 1965, pp.46~50.

15) 이후 플라멩코의 장르적 구분은 Jose maria Esteban의 『Flamenco』, J.P. Clébert의 『Los Gitanos』, catalina Leon Benitez의 『El Flamenco en cádiz』 그리고 William Washabaugh의 『Flamenco: Pasión y Cultura popular』 등의 책들을 참조하여 구분한 것이다.

16) 보통 빨로(Palo)라고 하면 나무 막대기를 의미한다. 나무 막대기를 이용하여 리듬을 만드는 경우가 있는데 아마도 플라멩코 장르를 빨로라 표현한 것을 보면 기본적인 리듬의 차이를 고려한 것으로 짐작한다.

17) 특이하게 모로코 지역의 탕게르(Tanger)라는 지역 명칭에서 유래했다는 설도 있다.

18) 뜨리아나(Triana) 지역은 도시라고 부르기엔 약간 애매한 지역이다. 안달루시아를 동서로 가르며 특히 세비야를 남북으로 가로지르는 큰 강인 과달끼비르(Guadalquivir)는 세비야에서 공교롭게 두 갈래로 나뉘고 다시 하나로 합쳐지는데 두 갈래로 나누어지며 만들어진 마치 섬과 같은 지역은 뜨리아나라고 부른다. 일반적으로 집시 거주 지역으로 알려진 이곳은 플라멩코 역사에서는 세비야와 따로 분리해서 생각해야 할 만큼 중요한 지역이나 그냥 세비야로 이해해도 큰 문제는 없다.

19) 앨범명은 <검은 눈물(Lágrimas Negras)>이다. 이들의 만남과 이들의 음악에서 식민지 초기의 쿠바 어느 항구 혹은 까디스 항구에서 어렵지 않게 볼 수 있었던 광경을 연상할 수 있었다.

20) 여기서 ballet은 무용 혹은 춤의 의미인 것 같다. 발레 전문 무용단 같으나 스페인 국립발레단은 현대적인 플라멩코를 추구하는 무용단이다.

21) "Péinate tú con mís peines; / mis peines son de canela……"라고

노래하며 공연을 시작했다고 한다.

22) 영화 <그녀에게(Hable con ella)>에서 여성 투우사 역할을 한 배우이자 가수인 로사리오 플로레스(Rosario flores)의 어머니이다.

플라멩코 원초적 에너지를 품은 집시의 예술

펴낸날	초판 1쇄 2008년 12월 25일
	초판 2쇄 2013년 6월 24일

지은이	**최명호**
펴낸이	**심만수**
펴낸곳	**(주)살림출판사**
출판등록	1989년 11월 1일 제9-210호

주소	경기도 파주시 문발동 522-1
전화	031-955-1350 팩스 031-955-1355
기획 · 편집	031-955-4662
홈페이지	http://www.sallimbooks.com
이메일	book@sallimbooks.com

ISBN	978-89-522-1057-9 04080

054 재즈

eBook

최규용(재즈평론가)

즉흥연주의 대명사, 재즈의 종류와 그 변천사를 한눈에 알 수 있도록 소개한 책. 재즈만이 가지고 있는 매력과 음악을 소개한다. 특히 초기부터 현재까지 재즈의 사조에 따라 변화한 즉흥연주를 중심으로 풍부한 비유를 동원하여 서술했기 때문에 재즈의 역사와 다양한 사조의 특징을 쉽게 이해할 수 있다.

255 비틀스

eBook

고영탁(대중음악평론가)

음악 하나로 세상을 정복한 불세출의 록 밴드. 20세기에 가장 큰 충격과 영향을 준 스타 중의 스타! 비틀스는 사람들에게 꿈을 주었고, 많은 젊은이들의 인생을 바꾸었다. 그래서인지 해체한 지 40년이 넘은 지금도 그들은 지구촌 음악팬들의 많은 사랑을 받고 있다. 비틀스의 성장과 발전 모습은 어떠했나? 또 그러한 변동과정은 비틀스 자신들에게 어떤 의미였나?

422 롤링 스톤즈

eBook

김기범(영상 및 정보 기술원)

전설의 록 밴드 '롤링 스톤즈'. 그들의 몸짓 하나하나는 우리가 생각하는 것보다 훨씬 더 탁월한 수준의 음악적 깊이, 전통과 핵심에 충실하려고 애쓴 몸부림의 흔적들이 존재한다. 저자는 '롤링 스톤즈'가 50년 동안 추구해 온 '진짜'의 실체에 다가가기 위해 애쓴다. 결성 50주년을 맞은 지금도 구르기(rolling)를 계속하게 하는 힘. 이 책은 그 '힘'에 관한 이야기다.

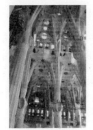

127 안토니 가우디 아름다움을 건축한 수도사

eBook

손세관(중앙대 건축공학과 교수)

스페인의 세계적인 건축가 가우디의 삶과 건축세계를 소개하는 책. 어느 양식에도 속할 수 없는 독특한 건축세계를 구축하고 자연과 너무나 닮아 있는 건축가 가우디. 이 책은 우리에게 건축물의 설계가 아닌, 아름다움 자체를 건축한 한 명의 수도자를 만나게 해준다.

131 안도 다다오 건축의 누드작가   eBook

임재진(홍익대 건축공학과 교수)

일본이 낳은 불세출의 건축가 안도 다다오! 프로복서와 고졸학력, 독학으로 최고의 건축가 반열에 오른 그의 삶과 건축, 건축철학에 대해 다뤘다. 미를 창조하는 시인, 인간을 감동시키는 휴머니즘, 동양사상과 서양사상의 가치를 조화롭게 빚어낼 줄 아는 건축가 등 그를 따라다니는 수식어의 연원을 밝혀 본다.

207 한옥   eBook

박명덕(동양공전 건축학과 교수)

한옥의 효율성과 과학성을 면밀히 연구하고 있는 책. 한옥은 주위의 경관요소를 거스르지 않는 곳에 짓되 그곳에서 나오는 재료를 사용하여 그곳의 지세에 맞도록 지었다. 저자는 한옥에서 대들보나 서까래를 쓸 때에도 인공을 가하지 않는 재료를 사용하여 언뜻 보기에는 완결미가 부족한 듯하지만 실제는 그 이상의 치밀함이 들어 있다고 말한다.

114 그리스 미술 이야기   eBook

노성두(이화여대 책임연구원)

서양 미술의 기원을 추적하다 보면 반드시 도달하게 되는 출발점인 그리스의 미술. 이 책은 바로 우리 시대의 탁월한 이야기꾼인 미술사학자 노성두가 그리스 미술에 얽힌 다양한 이야기를 재미있게 풀어놓은 이야기보따리이다. 미술의 사회적 배경과 이론적 뿌리를 더듬어 감상과 해석의 실마리에 접근하는 또 다른 시각을 제공하는 책.

382 이슬람 예술   eBook

전완경(부산외대 아랍어과 교수)

이슬람 예술은 중국을 제외하고 가장 긴 역사를 지닌 전 세계에 가장 널리 분포된 예술이 세계적인 예술이다. 이 책은 이슬람 예술을 장르별, 시대별로 다룬 입문서로 이슬람 문명의 기반이 된 페르시아 · 지중해 · 인도 · 중국 등의 문명과 이슬람교가 융합하여 미술, 건축, 음악이라는 분야에서 어떻게 표현되었는지 설명한다.

417 20세기의 위대한 지휘자 `eBook`

김문경(변리사)

뜨거운 삶과 음악을 동시에 끌어안았던 위대한 지휘자들 중 스무 명을 엄선해 그들의 음악관과 스타일, 성장과정을 재조명한 책. 전문 음악칼럼니스트인 저자의 추천음반이 함께 수록되어 있어 클래식 길잡이로서의 역할도 톡톡히 한다. 특히 각 지휘자들의 감각 있고 개성 있는 해석 스타일을 묘사한 부분은 이 책의 백미다.

164 영화음악 불멸의 사운드트랙 이야기 `eBook`

박신영(프리랜서 작가)

영화음악 감상에 필요한 기초 지식, 불멸의 영화음악, 자신만의 세계를 인정받는 영화음악인들에 대한 이야기를 담았다. 〈시네마천국〉〈사운드 오브 뮤직〉 같은 고전은 물론, 〈아멜리에〉〈봄날은 간다〉〈카우보이 비밥〉 등 숨겨진 보석 같은 영화음악도 소개한다. 조성우, 엔니오 모리꼬네, 대니 앨프먼 등 거장들의 음악세계도 엿볼 수 있다.

440 발레 `eBook`

김도윤(프리랜서 통번역가)

〈로미오와 줄리엣〉과 〈잠자는 숲속의 미녀〉는 발레 무대에 흔히 오르는 작품 중 하나다. 그런데 왜 '발레'라는 장르만 생소하게 느껴지는 것일까? 저자는 그 배경에 '고급예술'이라는 오해, 난해한 공연 장르라는 선입견이 존재한다고 지적한다. 저자는 일단 발레라는 예술 장르가 주는 감동의 깊이를 경험하기 위해 문 밖을 나서길 원한다.

194 미야자키 하야오 `eBook`

김윤아(건국대 강사)

미야자키 하야오의 최근 대표작을 통해 일본의 신화와 그 이면을 소개한 책. 〈원령공주〉〈센과 치히로의 행방불명〉〈하울의 움직이는 성〉이 사랑받은 이유는 이 작품들이 가장 보편적이면서도 가장 일본적인 신화이기 때문이다. 신화의 세계를 미야자키 하야오의 작품과 다양한 측면으로 연결시키면서 그의 작품세계의 특성을 밝힌다.

eBook 표시가 되어있는 도서는 전자책으로 구매가 가능합니다.

(주)살림출판사

www.sallimbooks.com

주소 경기도 파주시 문발동 522-1 | 전화 031-955-1350 | 팩스 031-955-1355